COLLECTION PICARD

BIBLIOTHÈQUE DE L'ENSEIGNEMENT ANTIALCOOLIQUE

Les Conseils du Père Boitrop

PAR

A. LACABE-PLASTEIG
INSPECTEUR DE L'ENSEIGNEMENT PRIMAIRE DE LA SEINE

ILLUSTRATIONS DE FERDINAND RAFFIN

PARIS
LIBRAIRIE D'ÉDUCATION NATIONALE
11, RUE SOUFFLOT, 11

BIBLIOTHÈQUE DE L'ENSEIGNEMENT ANTIALCOOLIQUE

Les Conseils
DU
Père Boitrop

(**12e Série**)

C'est un dur métier que le métier de forgeron.

COLLECTION PICARD

BIBLIOTHÈQUE DE L'ENSEIGNEMENT ANTIALCOOLIQUE

Les Conseils du Père Boitrop

PAR

A. LACABE-PLASTEIG

INSPECTEUR DE L'ENSEIGNEMENT PRIMAIRE DE LA SEINE

ILLUSTRATIONS DE FERDINAND RAFFIN

PARIS
LIBRAIRIE D'ÉDUCATION NATIONALE
11, RUE SOUFFLOT, 11

Conséquence de l'alcoolisme.
Avant : homme sain. Après : alcoolique.

Les Conseils du père Boitrop

Tout près du bourg, non loin de la lisière du bois, on remarque une maison blanche aux volets verts ; elle est d'apparence modeste, mais coquette. A l'entrée, une corbeille de fleurs où régulièrement les géraniums succèdent aux pensées et aux violettes. Sur le côté, un jardin aux plates-bandes bien alignées, qui produit des légumes en abondance ; pas une herbe folle n'y croît ; quelques poiriers, taillés avec méthode, y présentent leurs pyramides irréprochables. Jaloux de son bien, le propriétaire fait aux chenilles une guerre sans merci. En contournant la maison, on arrive dans la basse-cour, peuplée de volatiles bruyants : poules qui picorent, canards qui barbotent, dindons qui se rengorgent en faisant la roue, pigeons qui roucoulent sur les toits.

C'est l'habitation du père Boitrop, sobriquet sous lequel on désigne dans le pays un ancien ouvrier forgeron, très habile en son art, qui a atteint la vieillesse sans infirmités. Il vit là, en compagnie de sa femme ; le vieux ménage jouit d'une modeste fortune laborieusement, mais honnêtement amassée.

Au fond de la basse-cour, l'ancien forgeron a fait élever une construction légère, qui abrite son bidet et sa carriole ; il y a ménagé aussi une sorte de petit atelier dans lequel sont disposés un étau, une enclume, une forge portative. Car, s'il a cessé d'aller à l'usine, le vieux père Boitrop n'a pas cessé de travailler. Il « bricole » du matin au soir, pour

Le père Boitrop s'est aménagé un petit atelier où il trouve le moyen d'utiliser agréablement ses loisirs.

employer son langage familier, et il n'est pas rare de le trouver dès le matin en train de redresser de vieux outils ou d'en fabriquer un à son goût.

« C'est un dur métier dit-il à l'un de ses voisins qui était venu faire un brin de causerie avec lui ; oui c'est un dur métier que celui de forgeron ; mais on l'aime tout de même. Par habitude et par reconnaissance, je forgerai tant que mon bras vigoureux pourra lever le marteau et frapper en cadence. Est-ce que je ne dois pas à la forge tout ce que je possède? Et cette maison où je suis si tranquille avec ma bourgeoise, et ce jardin qui me donne ses primeurs, et cette basse-cour qui alimente ma marmite, et les petites rentes... Ne soyons pas indiscret : il suffit qu'on me comprenne.

« De plus, on se passionne pour un métier qui, d'une matière fruste et résistante comme le fer, tire des ouvrages si gracieux. Tenez, voyez ma grille avec ses volutes et ses flèches : est-ce assez riche? »

Et tout en parlant, le bon vieux vous fait faire le tour de son petit domaine, sous prétexte de vous faire admirer sa grille, qui est son œuvre et son triomphe. Douce manie d'un brave homme qui doit au travail, à l'économie, l'aisance et la juste considération dont il jouit.

Le père Boitrop n'est pas le premier venu. Dans sa longue existence, il a beaucoup observé, beaucoup réfléchi. Il a toujours aimé à lire; et son expérience personnelle se double de connaissances assez solides. Bien qu'abondante, sa conversation n'était pas banale; car il ne se fait pas prier pour narrer les récits dont sa fidèle mémoire est pleine, pour dire son histoire, pour raconter son bonheur. Sa bourgeoise a plaisir à l'entendre; elle s'amuse aussi à lui chercher d'affectueuses querelles; elle vient donc parfois l'interrompre, en le qualifiant d'intarissable bavard. Le résultat est d'exciter de plus belle sa verve de conteur; et les histoires succèdent aux histoires.

Il se plaît en la compagnie des jeunes gens, auxquels il insinue discrètement sa morale familière, entre deux récits du bon vieux temps, entre deux saillies de bonne humeur. « Soyez actifs, leur dit-il, économisez, et restez sobres ; car, voyez-vous, mes amis, le travail, l'épargne et la tempérance sont les meilleurs artisans du bonheur. Vous n'avez pas de plus dangereux ennemis que le débit, le cabaret, le café... » Mis ainsi sur la question de la boisson, le père Boitrop s'anime, parle avec ardeur, blâme et plaint les gens qui s'adonnent à l'alcool.

— Mais, lui réplique-t-on, l'alcool soutient l'ouvrier.

— Oui, sans doute, il le soutient... comme la corde soutient le pendu. Le désespéré en réchappe parfois, lorsque le hasard amène à temps un passant charitable qui coupe la corde. C'est mon cas, voyez-vous ; car j'ai failli faire fausse route.

— Vous avez donc été buveur, père Boitrop! Et nous, qui pensions que votre sobriquet vous avait été donné par ironie, en raison de votre haine bien connue de l'alcool!

— Je ne l'ai que trop mérité ce sobriquet ; pendant une partie de ma jeunesse, j'ai peu justifié mon nom, qui, comme vous le savez, mes amis, est Nicolas Boiguère. Avant que le mal fût grave, j'ai eu la rare fortune de rencontrer sur mon chemin un bon génie qui m'a ouvert les yeux. Les ligues antialcooliques mènent aujourd'hui une campagne dont les avantages sont incalculables ; elles n'avaient pas été encore imaginées dans ma jeunesse. Des esprits avisés avaient pourtant mesuré déjà le danger que les boissons alcooliques font courir à la classe ouvrière.

Un de ces vrais amis du peuple a été mon bienfaiteur.

— Racontez-nous donc la chose, père Boitrop.

— Ce n'est pas long. J'étais un enfant, quand

Le père Boitrop éprouve toujours un grand plaisir à causer avec les jeunes gens auxquels il donne de si bons conseils.

j'entrai en qualité d'apprenti dans la forge de M. Arbelle ; elle appartenait alors au grand-père du patron actuel : vous ne l'avez pas connu. C'était un petit établissement qui occupait une partie de l'emplacement sur lequel a été bâtie depuis l'immense usine qui est l'honneur de la contrée, qui fait vivre aujourd'hui toute notre laborieuse population. Arbelle était le camarade de ses ouvriers ; sa direction était bienveillante, même un peu molle. Les ouvriers, au nombre de trente à quarante seulement, travaillaient sans doute, mais il y avait des heures de relâchement. Le vin et les liqueurs avaient droit d'entrée à l'atelier. On usait largement de la tolérance ; car, pensaient les hommes, le feu de la forge altère, et le petit verre rend plus léger le lourd marteau d'enclume. C'est en raison du même préjugé qu'à l'entrée et à la sortie de l'atelier, on faisait de longues et fréquentes stations au cabaret d'en face ; tous ces hommes ignorants avaient le culte du lundi.

Le jeune apprenti fit comme les aînés ; car vous savez l'histoire des moutons de Panurge : quand l'un se jette à l'eau, les autres le suivent et se noient à la file. Ce n'est pas à l'eau que je me jetai à l'exemple de mes camarades, mais dans l'alcool. Le résultat eût été le même, si je ne m'étais ravisé : il n'est pas si bon nageur dont la tête ne tourne, dont les membres ne se paralysent au contact de ce liquide diabolique. A dix-huit ans, je buvais comme un vieux compagnon, et j'étais persuadé, bien à tort sans doute, que je devais à la boisson la vigueur de mes membres, la justesse de mon œil, l'activité de ma jeunesse.

C'est alors qu'arriva à la forge le père du patron actuel, M. Eugène, comme nous l'appelions. Sorti de l'École centrale avec le titre d'ingénieur, il avait parcouru les principaux centres industriels d'Europe et d'Amérique, pour s'instruire des procédés de fabrication les plus récents. De ses études et de ses voyages, il avait rapporté des projets qu'il a réalisés depuis, et qui ont été le point de départ de la fortune du pays. Rapidement, il a transformé le petit atelier de son père en une vaste usine, qui est aujourd'hui l'une des premières par la force de ses marteaux-pilons et la puissance de sa production.

Pour réussir, M. Eugène Arbelle avait besoin d'hommes laborieux et résolus qui le secondent. Il commença par mettre de l'ordre dans l'atelier; le règlement qu'il établit en proscrivit la boisson. Les ivrognes s'éloignèrent; les ouvriers qui restèrent subirent rapidement l'influence du nouveau patron. Sans descendre jusqu'à la familiarité, il n'était pas fier avec nous. Entre deux ordres de travail, il glissait un conseil; il s'enquérait amicalement de nos familles. Il arrivait à nous persuader que ses règlements conciliaient tout à la fois nos intérêts et ceux de l'usine. En Angleterre, aux États-Unis, il avait constaté l'influence heureuse qu'exerçaient les sociétés de tempérance sur le relèvement de la classe ouvrière. Il nous réunissait quelquefois pour nous exposer lui-même ou nous faire démontrer par le médecin de l'usine les dangers de l'alcool.

J'ai été plus particulièrement l'objet de ses attentions.

« Tu seras, me disait-il, un fameux ouvrier, car tu es ingénieux et énergique : mais prends garde à toi. Ton œil ne me dit rien qui vaille : le petit verre te terrassera, si tu n'y renonces. L'alcool, vois-tu, c'est un feu de forge : peu de feu attendrit le fer, trop de feu le brûle. Comme le fer que tu travailles, l'homme n'a de résistance et de vigueur qu'à froid. Ne brûle pas mon fer ; ne brûle pas ton corps. » Et M. Eugène s'éloignait, me laissant pensif et troublé.

Les recommandations répétées du meilleur des patrons, la confiance qu'il me témoignait, l'affection qu'il m'inspirait finirent par me retourner. Je bus moins, puis moins encore, puis plus du tout; finalement j'eus en horreur cette boisson pour laquelle j'avais eu tant de passion.

Combien je m'en félicite ! Ma santé, ma franche gaîté sont restées intactes. Je suis arrivé au bien-être, et j'ai élevé honnêtement mes enfants, qui à leur tour, ont fondé des familles unies et prospères. Et dans ma longue existence, combien en ai-je vus qui sont tombés en route, les uns lentement affaiblis, les autres dégoûtés du travail, tous victimes de leur soif insatiable, de leurs dépenses insensées et de leur imprévoyant désordre.

Comme, depuis ma conversion, j'ai lu autant qu'observé, j'ai pu mesurer les désastreux ravages que causent les cognacs et les liqueurs, l'absinthe et les apéritifs. Et je ne parle pas seulement de l'ivrogne qui se vautre dans la boue du ruisseau : celui-là ne nous inspire que du dégoût, et tout le monde le plaint. Son ivresse est pour lui un avertissement. Je plains encore davantage l'homme qui, régulièrement, sans jamais s'enivrer, s'empoisonne à petites doses, et court fatalement à la désorganisation de son être.

Les marins savent tous qu'un petit animal, le taret, s'introduit dans les bois qui forment la quille des navires : les tarets les rongent lentement, y creusent en tous sens des galeries, et cependant ils en respectent scrupuleusement la surface. Un travail de destruction, sourd et mystérieux, s'accomplit sans éveiller l'alarme du matelot confiant. Le vaisseau superbe a une apparence de solidité trompeuse. Tout d'un coup l'œuvre néfaste est accomplie : le vaisseau tombe en poussière. Ce *ver* rongeur, c'est sans jeu de mot *le petit verre* quotidien, c'est l'ab-

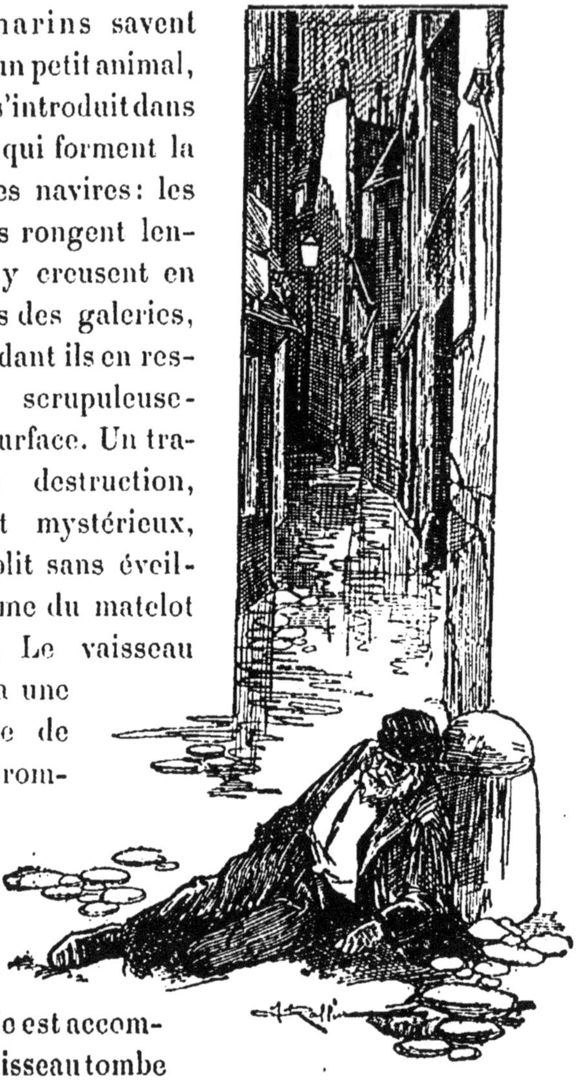

L'ivrogne qui se vautre dans le ruisseau ne nous inspire que du dégoût.

sinthe dont on a pris l'habitude. L'alcool travaille sournoisement l'estomac et le cœur; il désagrège les artères, ébranle le cerveau. Un beau matin, la machine humaine refuse le service. Allez donc la mettre en marche : tous les rouages sont usés sans avoir beaucoup servi, car depuis longtemps la boisson avait éteint l'activité.

— Vous en savez plus long que vous ne dites, Nicolas Boiguère, répliquent les jeunes gens qui l'entourent. Vous devriez bien recommencer à notre profit les instructions de votre patron, en y ajoutant les histoires dont vous avez fait dans les livres une ample moisson.

— Qu'à cela ne tienne! réplique le vieux forgeron. Venez me voir le soir, mes amis. Nicolas Boiguère n'est point gêné de porter un sobriquet qu'il a pu mériter un instant, et auquel sa vie a donné un éclatant démenti. Quelques entretiens suffiront pour que le père Boitrop fasse passer dans vos esprits la conviction qui l'anime, et dans vos cœurs la haine raisonnée qu'il a vouée à l'alcool.

Un des auditeurs du père Boitrop a recueilli ses quarante veillées; il les offre à l'attention et à la réflexion des jeunes Français.

Connaître son ennemi

Si je vous disais qu'il existe une substance aussi redoutable que la ciguë, aussi redoutable que le vitriol, une substance qui, placée à portée de votre main et de vos lèvres, tue plus lentement peut-être, mais tout aussi sûrement que les plus terribles poisons sortis de l'officine [1] du pharmacien :

Vous me demanderiez sans doute à la connaître, afin de vous mettre en garde contre ses dangers.

Si je vous disais encore que des gens font commerce de cette substance ; qu'on la vend partout, au hameau et à la ville, à la porte de l'usine, dans les faubourgs et sur les boulevards ; que, colorée ou parfumée, additionnée de sucre et décorée de noms divers, elle est mise à la portée de toutes les bourses, afin de tenter et le riche et le pauvre :

Vous me répondriez qu'il n'est pas d'homme assez insensé pour acheter la maladie, pour acheter la mort avec le produit de son travail : vous refuseriez de croire que cet étrange commerce puisse enrichir ceux qui le pratiquent.

Si je vous disais, de plus, que ce poison défigure celui qui le consomme, tout en lui enle-

1. **Officine**, laboratoire de pharmacien.

vant ses forces ; qu'avant de lui ravir la vie, il éteint ses plus belles qualités de cœur et d'esprit, disposition à la bonté, goût du travail :

Vous ne pourriez supposer que le père le présente à son fils comme un cordial [1], qu'il

Origine. **Conséquences.**
L'alcoolisme attaque la santé, l'intelligence, l'énergie; il dégrade la personne humaine.

le serve sur la table de famille ; que l'ami l'offre à son ami dans ce qu'on est convenu d'appeler le verre de l'amitié.

Si j'ajoutais enfin que le fléau déchaîné par ce poison prive la production nationale de

1. **Cordial**, remède qui réconforte, donne des forces.

bras vigoureux et de fécondes activités, notre valeureuse armée de vaillants soldats qui seraient sa force et pourraient être sa gloire ; qu'il menace de prompte décadence la vieille, la généreuse race française :

Oh ! alors, vous seriez anxieux de savoir si les savants, qui ont fait tant de découvertes, n'ont pas réussi à trouver un remède à ce mal effrayant ; si les législateurs, qui ont rédigé tant de lois, n'en ont pas conçu une qui soit assez efficace pour arrêter les ravages d'un tel fléau.

Dans une société d'hommes libres, l'ordre et la prospérité de la nation reposent sur les lumières et la raison des citoyens, plutôt que sur la rigueur des lois. Aussi faut-il que vous connaissiez le mal pour ne pas vous laisser gagner par sa contagion. Prévenir vaut mieux que guérir.

Ce poison qui menace votre santé et votre vie, qui s'attaque à l'intelligence et à l'énergie humaines ; ce poison qui se présente à vous sous le faux prétexte de ranimer le corps et réchauffer l'amitié : c'est **l'alcool**.

Ce fléau qui, dans le présent et dans l'avenir, est un danger social, un danger national : c'est **l'Alcoolisme**.

Les ravages de l'alcool résultent moins de la faiblesse ou de la passion de l'homme que de son ignorance ou de sa coupable insouciance.

La Vigne et l'Alcool

Une légende orientale nous conte que, lorsque Noé plantait la vigne, Satan l'aperçut, et que, avec sa curiosité ordinaire, il s'approcha de lui :

— Que plantes-tu là, fils de la terre ? dit le prince des démons.

— Une vigne, répondit Noé.

— A quoi bon cet arbuste ? demanda le tentateur.

— Le fruit en est aussi agréable à l'œil que délicieux au goût, répondit le patriarche [1], et on en tire une liqueur qui égaye le cœur de l'homme.

— S'il en est ainsi, reprit Satan, je veux t'aider.

Disant cela, le diable apporta un agneau, le tua et en fit couler le sang dans le fossé. Il en fit de même d'un lion, d'un singe et d'un porc ; c'est de cette façon qu'il arrosa les racines de la vigne.

Depuis ce temps, chaque fois qu'un homme boit un peu de vin, il devient doux et caressant comme un agneau. S'il augmente la dose,

1. **Patriarche**, chef de tribu.

le voilà fort et hardi comme un lion. Mais s'il va plus loin, il est bientôt malicieux et fou comme un singe; et si, par malheur, il ne s'arrête pas, il finit par ressembler au porc, qui se vautre dans l'ordure.

Selon l'usage ou l'abus que l'homme fait du vin, il devient :

1. Doux comme un agneau.
2. Malicieux comme un singe.
3. Fort comme un lion.
4. Immonde comme un porc.

Il y a du vrai dans cet apologue [1], et cependant l'ivresse du vin n'est rien à côté de cette ivresse furieuse que donne l'alcool. En France, il y a malheureusement trop de gens qui abusent du vin, et qui d'un bienfait font une malédiction ; mais, hormis quelques pays, où

1. **Apologue**, fable, récit imagé contenant un enseignement.

ne pousse pas la vigne, on ne voit pas des populations entières abruties et ruinées par ces eaux-de-vie de grains qui sont un véritable poison[1]. Il n'en est pas de même en Amérique : là, comme dans les fabriques anglaises, comme dans le nord de l'Europe, l'ivrognerie est un fléau mortel que le législateur combat comme nous combattons le choléra. Mais les lois sont impuissantes contre les mœurs ; ce n'est pas par un décret qu'on rend les hommes vertueux. Elles font un bien relatif, je le reconnais ; je voudrais même que chez nous on interdît la vente de l'absinthe, comme à Boston on interdit la vente de l'alcool; mais pour guérir toute passion, il faut des remèdes moraux ; c'est la seule façon d'attaquer le mal à la racine et d'en prévenir les générations à venir.

Ed. Laboulaye, *Œuvres sociales* de Channing,
E. Fasquelle, éditeur.

Puissance de Bacchus

Bacchus découvrit une plante précieuse et sut en extraire un breuvage d'une belle couleur pourpre ou dorée, délicieux au goût, fortifiant, et qui, dans les repas, mettait la

1. Depuis que l'auteur a écrit ces lignes, l'alcoolisme a fait de tristes progrès en France.

joie au cœur des convives, pourvu qu'ils en prissent avec modération.

Vous avez deviné que cette plante s'appelle la vigne, et que ce breuvage est le vin. Beaucoup de gens en abusent; alors il leur fait grand mal, mais ce n'est pas la faute de Bacchus.

Un jour, il goûtait le charme de la solitude sur un cap élevé, d'où il dominait les eaux de la Méditerranée. Quelques mauvais drôles avaient amarré leur barque à un rocher de la côte. C'étaient des pirates. Ils aperçurent Bacchus debout sur le promontoire[1]. Ignorant qu'ils avaient affaire à un être divin, ils s'emparèrent de lui.

Tous les pirates, à la fois, se jettent à la mer, où ils sont aussitôt changés en dauphins.

Vous pensez bien que si Bacchus l'avait voulu, il les aurait tous envoyés rouler au bas de la falaise. Mais il jugea utile d'infliger une meilleure leçon à ces méchants pirates. Il se laissa donc lier les mains et on le fit asseoir à l'avant du bateau. Une brise favo-

1. **Promontoire**, cap élevé.

rable s'étant levée, les voleurs fixèrent le mât dans la barque et y attachèrent de grandes voiles.

C'est en pleine mer que Bacchus avait résolu de les punir. Vous verrez qu'il le fit d'une façon spirituelle et sans la moindre cruauté.

Tout d'un coup, ses liens tombèrent, et pour effrayer les pillards il fit un charmant prodige. Soudain, ils respirèrent une bonne odeur de vin vieux. Ils entendirent un doux murmure, un joli glouglou, pareil au bruit d'un liquide que l'on verse peu à peu. Puis, les eaux bleues devinrent toutes rouges. Un flot de vin se répandit à la surface et alla éclabousser les rameurs. On se serait cru au jour de la vendange, lorsque le pressoir écrase les grappes. Le murmure peu à peu grandit et devint une espèce de chanson.

Vous me direz que tout cela n'était pas bien effrayant. Les pirates, en effet, voulurent s'en amuser. Mais tout ce qui est extraordinaire donne de l'inquiétude aux méchants. Aussi furent-ils terrifiés lorsqu'une vigne chargée de fruits, venant on ne sait d'où, se mit à grimper autour du mât.

Bacchus, en même temps, se lève. Son visage resplendit d'une lumière si vive que les voleurs ne peuvent en soutenir l'éclat.

De sa main droite, il leur montre la mer; et sans trop savoir ce qu'ils font, tous à la fois s'y précipitent. A peine ont-ils plongé sous les flots qu'ils perdent leur forme humaine. Ils sont changés en dauphins[1].

Ces animaux vont par troupes, et souvent ils bondissent autour des navires. Ils s'amusent à lutter de vitesse. On les voit aussi jeter en l'air, à une grande hauteur, de l'eau qu'ils viennent d'avaler.

Nos pirates, devenus dauphins, ne manquèrent pas de faire toutes ces gentillesses. Bacchus pensa qu'ils étaient assez punis, puisqu'ils cessaient d'être des hommes; et il rit de bon cœur en regardant leurs jets d'eau étinceler au soleil.

Maintenant, chers amis, il y a une petite leçon à tirer de cette histoire. Bacchus est aussi redoutable que bienfaisant. Si vous abusez de ses dons, si vous buvez trop, le jeune dieu pourra bien vous changer en bêtes; en bêtes moins propres que le dauphin. Vous savez ce que je veux dire.

MAURICE BOUCHOR, *Lecture et Récitation*,
Hachette et Cie, éditeurs.

1. **Dauphin**, animal marin ressemblant à la baleine.

Imitation et Contradiction

Allez vous promener un soir dans les quartiers populeux d'une cité ouvrière, et jetez un coup d'œil à travers les vitres des estaminets : vous y verrez des malheureux pauvrement vêtus, aux traits amaigris, qui avalent l'absinthe ou le petit verre. Rendez-vous, avec Dickens, dans la plus grande ville du monde ; guidés par le célèbre romancier, parcourez ce quartier grouillant qui s'appelle Whitechapel : là, des êtres dégradés, hommes et femmes, à l'aspect sordide[1], se gorgent de gin[2]. Vous serez tenté de croire que la misère seule explique une telle dépravation. Ces gens, direz-vous, boivent pour tromper leur faim, pour noyer leur chagrin. Il y a du vrai dans cette remarque ; et pourtant ce ne sont ni la pauvreté ni le malheur qui ont donné naissance à l'alcoolisme. Il faut en voir l'origine dans notre manie d'imitation.

L'homme fait ce qu'il voit faire : on s'habille, on se conduit comme son entourage. De même, sans nul souci de sa santé ou de ses intérêts, on fume et on boit parce que d'autres fument

1. **Sordide**, sale, dégoûtant.
2. **Gin**, eau-de-vie de genièvre, en Angleterre.

et boivent. Le premier cigare est détestable ; on réussit à vaincre la répugnance qu'il inspire. Le premier verre de bière ou d'alcool n'a pas meilleur goût ; on s'efforce de ne pas faire la grimace, par crainte de paraître ridicule.

Dès qu'on s'est habitué à boire, on ne manque pas de raisons pour continuer. Sur ce point, on n'est pas difficile, et on ne se pique pas précisément de logique. Comme les pana-

L'ouvrier qui « tue le ver » — L'ouvrier qui ne boit pas.
L'alcool finit par rendre inapte au travail l'ouvrier le plus fort et le plus résolu.

cées[1] des charlatans, la boisson, à entendre les buveurs, possède toutes les vertus : elle ouvre l'appétit et apaise la faim, elle réchauffe et rafraîchit, elle endort et réveille. Tout est donc prétexte à boire.

« On boit, dit Bunge, quand on se revoit ; on boit quand on se quitte. On boit quand on a faim, pour engourdir la faim ; et quand on est rassasié, pour se donner de l'appétit. On boit quand on a froid, pour se réchauffer ; et

1. **Panacée**, remède qui prétend guérir toutes les maladies.

quand il fait chaud, pour se rafraîchir. On boit quand on a sommeil, pour se tenir éveillé; et quand on a des insomnies, pour se faire dormir. On boit parce qu'on est triste ; on boit parce qu'on est gai. On boit à un baptême, on boit à un enterrement ; on boit, on boit... »

Savez-vous rien de plus imposant que le convoi du pauvre qui s'achemine à pas lents vers le cimetière ? Derrière le corbillard suivent les parents. Pressés en foule, rares peut-être, ils portent des habits de deuil ; ils s'avancent silencieux et affligés. Et sur le passage de la mort, les inconnus se découvrent, ils s'inclinent avec respect. La cérémonie est terminée ; c'est un autre spectacle, écœurant celui-ci, qui commence. On sort du cimetière, où l'on a déposé les restes d'un père ou d'une mère, d'un frère ou d'une fille, d'un protecteur ou d'un ami, et on se répand dans les cabarets qui entourent le lieu du repos. On s'attable, les yeux s'illuminent, les langues se délient. On ne pense plus à celui qu'on pleurait de tout cœur un instant auparavant. Cette joie bruyante et malsaine n'est-elle pas une profanation ?

Mais on boit pour oublier le chagrin, pour oublier la misère. Or, de tous les motifs de boire, ce dernier est le plus insensé. A une gaieté momentanée succède l'ivresse triste.

Loin d'adoucir ses peines, on les avive. On prétend vaincre la pauvreté, et on s'habitue à des dépenses qui deviennent chaque jour plus lourdes, qui rendent inapte à travailler et à gagner son pain.

Mettons dans nos actes plus de sagesse et plus de logique.

Tempérance de Franklin

Un des grands citoyens de la République américaine, Benjamin Franklin, est l'exemple de ce que peut la persévérance mise au service de l'économie et de la sobriété. Ses débuts furent pénibles; il dut faire lui-même sa propre éducation. Aucune épreuve ne le rebuta, et il a raconté comment il vivait à Londres, où il exerçait le métier d'ouvrier imprimeur.

« Je ne buvais que de l'eau, dit-il; les autres ouvriers, au nombre d'environ cinquante, étaient de grands buveurs de bière. Ayant le goût de l'exercice physique, j'alternais le travail de la presse avec celui de la composition. A l'occasion, j'aidais à porter d'un étage à l'autre les grandes formes de caractères. Montant et descendant les escaliers, j'en tenais une de chaque main, tandis que mes compagnons employaient les deux mains pour en porter une seule. Ils s'étonnaient de voir, par cette preuve et par d'autres, que l'*Américain aquatique*, ainsi qu'ils m'appelaient en manière de plaisanterie, était plus vigoureux qu'eux qui buvaient de la bière forte. Le garçon brasseur était suffisamment occupé pendant la journée entière à servir notre maison. Mon compagnon de presse buvait chaque jour une pinte de bière avant son déjeuner, une en déjeunant, avec son pain et son fromage, une entre le déjeuner et le dîner, une à dîner, une autre vers six heures du soir, et une dernière après son travail.

Benjamin Franklin, né à Boston en 1706, mourut en 1790. Fils d'un fabricant de chandelles, il fut apprenti coutelier, ouvrier, puis maître imprimeur, rédacteur du *Bonhomme Richard*, un almanach populaire, membre du Congrès qui proclama l'indépendance des États-Unis, ambassadeur en France et membre du Comité qui rédigea la Constitution républicaine des Américains. Franklin a inventé le paratonnerre.

« Cette habitude me paraissait détestable; mais il prétendait qu'il avait besoin de tout ce breuvage pour se donner des forces en travaillant. J'essayai de le convaincre que la force corporelle que donne la bière ne peut être qu'en proportion de la farine d'orge qu'elle contient; qu'il entre plus de farine dans un pain d'un penny[1] que dans une pinte de bière, et que, par conséquent, son pain d'un penny arrosé d'une pinte d'eau lui donnerait plus de forces que sa bière.

« Il n'en continua pas moins à boire. Il avait tous les samedis quatre à cinq shillings[2] à prélever sur sa paye pour cette misérable boisson, dépense dont je me trouvais exempt. C'est ainsi que, par leur faute, les ouvriers intempérants restent toujours au-dessous de leurs affaires. »

Sans doute, beaucoup de ces buveurs de bière moururent jeunes. Quant à Franklin, il atteignit, presque sans infirmités, l'âge de quatre-vingt-quatre ans, après s'être classé par son travail au rang des savants, après avoir contribué pour une part considérable à l'indépendance de sa patrie.

Origine du vice

Ne croyez pas que j'exagère quand je vous montre combien vous êtes exposés à l'intempérance. En voyant un ivrogne dont la santé est détruite et l'intelligence corrompue, que personne ne dise : « Je ne puis jamais tomber

1. **Penny**, sou, pièce de 10 centimes anglaise.
2. **Shilling**, pièce d'argent anglaise valant 1 fr. 25.

si bas. » Lui aussi, dans ses jeunes années, craignait aussi peu que vous de tomber. Les promesses de sa jeunesse étaient aussi brillantes que les vôtres ; et même après avoir commencé à décliner, il n'avait pas plus de méfiance que le plus ferme de ceux qui l'entouraient ; il aurait repoussé avec autant d'indignation l'avis d'être en garde contre l'intempérance. Le danger de ce vice, c'est qu'il s'empare de nous par degrés, d'une manière imperceptible : ceux qui en meurent en ont rarement reconnu les premières atteintes.

Il me suffit de voir l'état de cet homme pour mieux comprendre où peut conduire l'abus des boissons.

La jeunesse ne voit pas ou ne soupçonne pas l'ivrognerie dans le breuvage pétillant qui excite et double sa gaieté. Le malade ne la voit pas dans le cordial que son médecin lui prescrit, et qui donne du ton à ses organes affaiblis. L'homme de pensée, l'homme de génie, ne découvre pas le poison de la paralysie dans le breuvage qui semble une source d'inspiration pour l'intelligence et l'imagination. Celui qui aime le monde et ses plaisirs est loin de supposer que ce vin qui anime la conversation, il le boira un jour seul, et qu'il tombera trop bas pour goûter ces jouissances sociales dans lesquelles il trouve aujourd'hui tant de charmes.

L'intempérance arrive pas à pas et sans bruit; quand elle attache les premiers liens, sa main est trop légère pour qu'on la sente. Cette vérité, que nous enseigne une triste expérience, il nous faut tous la conserver précieusement. Dans toutes les classes elle doit avoir de l'influence sur les habitudes et les arrangements de la vie domestique et sociale.

CHANNING, *Œuvres sociales*, E. Fasquelle, éditeur.

Le premier distillateur

Un pauvre moujik [1] s'en allait un matin dans son champ, emportant un croûton de pain pour déjeuner. Avant de prendre la charrue, il déposa le croûton dans un buisson, sur lequel il étendit son caftan [2].

Après deux heures de travail, le moujik dételа son cheval et le laissa paître, tandis que lui-même allait chercher le croûton pour apaiser sa faim. A la grande surprise du pauvre homme, le croûton avait disparu, et il n'en restait plus trace. C'était un diablotin

1. **Moujik,** paysan russe.
2. **Caftan,** sorte de manteau.

qui l'avait pris, et qui, après ce bel exploit, s'était assis derrière le buisson pour jouir de la colère du moujik.

« Ma foi, dit celui-ci, pour un jour de jeûne on ne meurt pas de faim; celui qui l'a pris en avait sans doute plus besoin que moi. Grand bien lui fasse! » Et le brave homme alla se désaltérer dans une mare voisine, puis se reposa un moment et remit son cheval à la charrue.

Très mortifié de n'avoir pu faire perdre le sang-froid et la sagesse au moujik, le diablotin prit la forme d'un serviteur, et se mit à sa disposition. Il lui prédit alors que l'été serait sec, et lui conseilla de semer du blé dans les terres marécageuses. Ainsi fit le pauvre homme, et tandis qu'il récoltait une abondante moisson, ses voisins regardaient avec désolation leurs champs desséchés.

L'année suivante, le serviteur dit à son maître de semer le blé sur les terres élevées. Justement, il plut à torrents et les moissons pourrirent avant la récolte. Seul notre moujik eut tant de gerbes qu'il ne savait qu'en faire.

Alors son serviteur lui apprit à fabriquer de la vodka[1]; ils en burent tous les deux. Le moujik, enrichi et charmé, en offrit à tous

1. **Vodka**, eau-de-vie de grains.

les notables du pays qu'il avait invités à sa table, et sa femme les servait copieusement.

Celle-ci ayant renversé un verre, le moujik s'emporta : « Sotte de tous les diables! s'écria-t-il, est-ce de l'eau de vaisselle, cela? » Le diablotin était ravi.

A ce moment, un pauvre se présenta à la porte et demanda à boire. « Je ne puis dé-

Avant de boire. **Après boire.**

Laissons-les boire, dit le diablotin; ils sont maintenant hypocrites comme des renards, mais ils vont devenir méchants comme des loups.

saltérer tout le monde! » dit brusquement le moujik.

Cependant les notables et le maître de la maison commençaient à s'échauffer; ils se faisaient les uns aux autres force compliments exagérés. « Laissons-les boire encore, se dit le diablotin; ils sont maintenant hypocrites comme des renards; tout à l'heure ils deviendront méchants comme des loups. »

En effet, les convives continuant de boire s'enivrèrent. Ils s'injurièrent alors, puis se battirent avec fureur. Le diable triomphait. « Ce sont des loups, pensait-il; ils vont devenir comme des porcs. »

Les ivrognes, après avoir bu encore, voulurent regagner leurs demeures; mais tous tombèrent le long des chemins, et le maître de la maison lui-même s'affaissa dans la boue. La satisfaction du diable n'avait plus de bornes.

Il y avait donc dans cette boisson du sang de renard, du sang de loup et du sang de porc? Non; le sang de toutes ces bêtes était dans le moujik; mais il ne pouvait agir tant que celui-ci demeurait sobre. Quand il se mit, grâce à ses bonnes récoltes, à manger beaucoup et à boire de la vodka, le sang du renard, celui du loup et celui du porc s'agitèrent en lui, et il devint semblable à ces animaux.

D'après L. TOLSTOÏ.

La Cheminée fatale

— Vois-tu, dans ce bâtiment, me dit Mauricot, la haute cheminée qui se dresse près du pignon [1], et que j'appelle la cheminée de Jérôme? C'est là que ton père s'est tué!

Je tressaillis jusqu'au fond des entrailles,

1. **Pignon**, mur ou toiture en pointe.

et je regardai la cheminée fatale avec une espèce d'horreur mêlée de colère.

— Ah! c'est là, répétai-je d'une voix qui tremblait; et comment la chose est-elle arrivée?

— Ni par la faute du bâtiment, ni par la faute du métier. L'échafaudage était bien établi, le travail sans danger; mais ton père est venu là en descendant de la barrière; la vue était trouble, les jarrets ne se connaissaient plus, il a pris le vide pour une planche, et il s'est tué sans excuse... Le père Jérôme eût été un vaillant ouvrier, si la gourmandise ne l'avait perdu; à force de s'attabler chez les marchands de vin, il y avait laissé sa force, son adresse et son esprit. Mais, bah! on ne vit qu'une fois, comme dit cet autre; il faut bien s'amuser avant son enterrement. Si les veuves ou les orphelins ont faim ou froid plus tard, ils vont au bureau de charité, et ils soufflent dans leurs doigts. N'est-ce pas ton opinion, dis?...

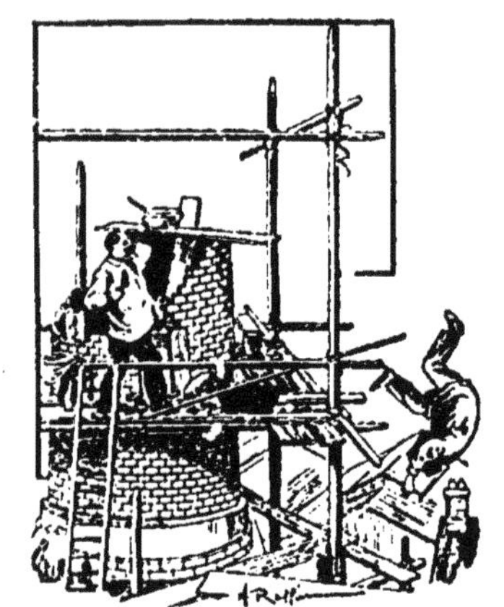

Ce qui arriva au père Jérôme pour avoir fait trop de stations dans les débits en se rendant au chantier.

J'étais humilié, confus, et je ne savais que

répondre. Je sentais bien que Mauricet ne parlait pas sérieusement; mais l'approuver m'eût fait honte; le contredire, c'était me condamner. Je baissai la tête sans rien dire. Cependant il continuait à regarder ce pignon maudit.

— Pauvre Jérôme, reprit-il en changeant de voix et comme attendri; s'il n'eût pas suivi les mauvais exemples quand il était jeune, nous l'aurions encore avec nous; sa mère Madeleine reposerait son vieux corps, et toi tu trouverais quelqu'un qui te montrerait la route. Mais non, il n'y a plus rien de lui, pas même un bon souvenir, car on ne regrette que les bons ouvriers. Quand le malheureux s'est écrasé là sur le pavé, sais-tu ce qu'a dit le tâcheron [1]?

— Un ivrogne de moins, enlevez et balayez!...

Quand tu voudras recommencer ta vie d'hier, regarde d'abord de ce côté, et le vin que tu boiras *aura le goût de sang.*

EM. SOUVESTRE, *Confessions d'un ouvrier*,
Calmann Lévy, éditeur.

1. **Tâcheron**, qui travaille à la tâche; ici, entrepreneur des travaux partiels.

La Mort choisissant son premier ministre

La Mort, reine du monde, assembla, certain jour,
Dans les enfers toute sa cour;
Elle voulait choisir un bon premier ministre
Qui rendît ses États encore plus florissants.

A la suite d'un concours auquel ont été appelés tous les Fléaux et tous les Vices, la Mort choisit l'*Intempérance* pour son premier ministre.

Pour remplir cet emploi sinistre,
Du fond du noir Tartare [1], avancent, à pas lents,
La Fièvre, la Goutte et la Guerre.
C'étaient trois sujets excellents;
Tout l'enfer et toute la terre
Rendaient justice à leurs talents.
La Mort leur fit accueil. La Peste vint ensuite.
On ne pouvait nier qu'elle n'eût de mérite;
Nul n'osait lui rien disputer,

1. **Tartare**, partie de l'enfer réservée aux criminels, selon les anciens.

Lorsque de la Famine arriva la visite.
Et l'on ne sut alors qui devait l'emporter ;
La Mort même était en balance.
Mais les vices étant venus,
Dès ce moment, la Mort n'hésita plus :
Elle choisit l'Intempérance.

FLORIAN.

Le débitant d'eau-de-vie

La soif factice [1], celle qui appelle les liqueurs fortes comme soulagement momentané, devient, avec le temps, si intense et si habituelle, que ceux qui s'y livrent ne peuvent pas passer la nuit sans boire, et sont obligés de quitter leur lit pour l'apaiser.

En bonne arithmétique, l'ouvrier qui boit chaque jour trois petits verres qu'il paie, chacun, trois sous, gagnerait 164 fr. 25 par an à s'en abstenir.

Cette soif devient alors une véritable maladie ; et, quand l'individu en est là, on peut pronostiquer [2] avec certitude qu'il ne lui reste pas deux ans à vivre.

J'ai voyagé en Hollande avec un riche com-

1. **Factice**, qui n'est pas réel, naturel.
2. **Pronostiquer**, annoncer ce qui doit arriver.

merçant de Dantzig, qui tenait depuis cinquante ans la première maison de détail en eaux-de-vie.

« Monsieur, me disait ce patriarche [1], j'ai observé avec attention les ouvriers qui viennent chez moi : d'abord, ils ne prennent qu'un petit verre d'eau-de-vie le matin, et cette quantité leur suffit pendant plusieurs années ; ensuite, ils doublent la dose, c'est-à-dire qu'ils en prennent un petit verre le matin et autant vers le midi. Ils restent à ce taux environ deux ou trois ans ; puis ils en boivent régulièrement le matin, à midi et le soir. Bientôt ils en viennent prendre à toute heure et n'en veulent plus que de celle dans laquelle on a fait infuser du girofle ; aussi lorsqu'ils en sont là, il y a certitude qu'ils ont tout au plus six mois à vivre : ils se dessèchent, la fièvre les prend, ils vont à l'hôpital, et on ne les revoit plus.

BRILLAT-SAVARIN.

Les Vapeurs toxiques [2]

Il résulte de l'enquête que nous avons commencée à ce sujet, que des accidents sont presque fatalement liés au maniement et à la respi-

1. **Patriarche**, homme vénérable. Ce mot est pris ici dans un sens ironique.

2. **Toxique**, qui a les propriétés d'un poison.

ration seule des produits volatils des distilleries. Ils sont la règle chez les employés forcés de séjourner dans l'atmosphère de ces vapeurs toxiques. Il est permis d'établir en principe que la nature, comme la gravité des accidents, répond et est appropriée, pour ainsi dire, à la spécialité du produit, à l'atmosphère qu'il crée par son évaporation. Cela est particulièrement

Les ouvriers employés dans les distilleries s'alcoolisent en respirant les vapeurs qui se dégagent des liqueurs fermentées.

vrai et frappant pour les essences; et c'est l'absinthe et sa fabrication qui fournissent à cet égard les faits les plus caractéristiques et les plus probants.

Dans une des grandes distilleries des environs de Paris, le hasard m'a fait rencontrer un jeune employé qui, d'une bonne santé habituelle et de sobriété reconnue, a été pris d'accidents progressifs et inquiétants. Son état était caractérisé par du tremblement généralisé, un embarras gastrique [1] persistant, un amaigrissement profond. Il éprouvait des vertiges [2] dont l'intensité croissante, — j'appelle votre attention sur ce point, — atteignit la crise épileptiforme [3], accompagnée de chute.

Or ce jeune homme était employé et séjournait dans le compartiment consacré à la distillation des essences, notamment de l'essence d'absinthe. Je conseillai au père, que j'eus l'occasion de rencontrer à l'époque même où venaient de débuter ces accidents, de faire sortir son fils au plus vite de l'établissement. Je fus facilement compris et écouté ; un amendement des symptômes [4] ne tarda pas à s'ensuivre.

Docteur Laborde.

Voyage dans l'île des Plaisirs

Après avoir longtemps vogué sur la mer Pacifique, nous aperçûmes de loin une île de sucre avec des montagnes de compote, des rochers de sucre candi et de caramel, et des rivières de sirop qui coulaient dans la cam-

1. **Gastrique**, qui a rapport à l'estomac.
2. **Vertige**, étourdissement.
3. **Épileptiforme**, de la nature de l'épilepsie, maladie nerveuse.
4. **Symptômes**, signes auxquels on reconnaît une maladie.

pagne. Les habitants, qui étaient fort friands, léchaient tous les chemins, et suçaient leurs doigts après les avoir trempés dans les fleuves. Il y avait aussi des forêts de réglisse, et de grands arbres d'où tombaient des gaufres, que le vent emportait dans la bouche des voyageurs, si peu qu'elle fût ouverte.

1. Les plaisirs de la table amollissent et laissent le dégoût après eux.
2. Le travail est le meilleur assaisonnement de l'appétit et du plaisir.

Comme tant de douceurs nous parurent fades, nous voulûmes passer en quelque autre pays, où l'on pût trouver des mets d'un goût plus relevé. On nous assura qu'il y avait, à dix lieues de là, une autre île où il y avait des mines de jambons, de saucisses et de ragoûts poivrés. On les creusait, comme on creuse les mines d'or dans le Pérou. On y trouvait aussi des ruisseaux de sauces à l'oignon. Les murailles des maisons sont de croûtes de pâté. Il y pleut du vin quand le temps est chargé; et, dans les plus beaux jours, la rosée du matin est toujours du vin blanc, semblable au vin grec.

A peine fûmes-nous arrivés dans l'autre île, que nous trouvâmes sur le rivage des marchands qui vendaient de l'appétit; car on en manquait souvent parmi tant de ragoûts. Il y avait aussi d'autres gens qui vendaient le sommeil.

A peine fus-je dans mon lit que j'entendis un grand bruit : j'eus peur, et je demandai du secours. On me dit que c'était la terre qui s'entr'ouvrait. Je crus être perdu ; mais on me rassura en me disant qu'elle s'entr'ouvrait ainsi toutes les nuits à une certaine heure, pour vomir, avec grand effort, des ruisseaux bouillants de chocolat moussé, et des liqueurs glacées de toutes les façons. Je me levai à la hâte pour en prendre, et elles étaient délicieuses.

Le jour suivant, je jeûnai, pour me délasser de la fatigue des plaisirs de la table.

Il n'y a là ni domestiques ni petit peuple; chacun se sert soi-même, personne n'est servi : seulement des souhaits, qui sont de petits esprits follets[1] et voltigeants, donnent à chacun tout ce qu'il désire dans le moment même.

En ce pays-là, les femmes gouvernent les hommes; elles jugent les procès, elles enseignent les sciences et vont à la guerre. Les hommes s'y fardent, s'y ajustent depuis le matin jusqu'au soir; ils filent, ils cousent, ils travaillent à la broderie, et ils craignent d'être battus par leurs femmes, quand ils ne leur ont pas obéi.

On dit que la chose se passait autrement il y a un certain nombre d'années; mais les hommes servis par les souhaits sont devenus si lâches, si paresseux et si ignorants, que les femmes furent honteuses de se laisser gouverner par eux.

Touché de ce spectacle et fatigué de tant de festins et d'amusements, je conclus que les plaisirs des sens, quelque variés, quelque faciles qu'ils soient, avilissent et ne rendent point heureux. Je m'éloignai donc de ces contrées, en apparence si délicieuses; et, de retour chez moi, je trouvai dans une vie sobre, dans un travail modéré, dans des mœurs pures, dans la pratique de la vertu, le bon-

1. **Esprits follets**, êtres fantastiques malins et insaisissables.

heur et la santé que n'avaient pu me procurer la continuité de la bonne chère et la variété des plaisirs.

FÉNELON.

Épilepsie absinthique

Ernest C... arrive au bureau d'admission de l'asile Sainte-Anne à Paris dans une agitation extrême. Il se dit poursuivi par des chiens qui veulent le mordre ; il voit des chats ; des individus armés l'injurient et le menacent de l'assassiner ; il est sans cesse en mouvement pour se défendre et échapper à des ennemis imaginaires.

Des sueurs abondantes recouvrent tout son corps ; ses mains sont tremblantes. Tout à coup il pâlit, pousse un cri, perd connaissance et tombe en raidissant les mains et les bras qu'il porte en avant, la tête entraînée à gauche, le visage grimaçant, les yeux péniblement tirés en haut.

Bientôt après, la figure rougit fortement ; tous les muscles sont agités par des convulsions incessantes ; les paupières clignotent, les mâchoires s'entre-choquent violemment ; une salive mousseuse, sanguinolente s'étale sur les lèvres et coule le long de la joue gauche. La tête, les bras, les jambes sont secoués par des soubresauts incessants ; la respiration est ronflante.

Au bout de trois minutes, les convulsions cessent, et le malade reste plongé dans une hébétude [1] profonde. La langue est fortement mordue sur le bord gauche. Après un quart d'heure environ, il revient à lui, ne conservant aucun souvenir de ce qui s'est passé ; et, après quelques instants, il est repris de ses visions et de ses hallucinations terrifiantes.

L'entrée à l'asile Sainte-Anne. — L'abus des apéritifs cause des convulsions plus terribles que celle des l'épilepsie.

La mère de ce jeune homme affirme que jamais son fils n'avait eu de convulsions d'aucune sorte. Toujours bien portant, il s'était montré bon élève à l'école, et n'avait jamais présenté de troubles nerveux, ni dans son enfance, ni dans sa jeunesse. Placé dans l'épicerie, il était intelligent, s'acquittait bien de sa tâche, jusqu'au moment où, dans ces derniers temps, Ernest avait commencé à se

1. **Hébétude**, état d'une personne qui est comme stupide.

déranger, à boire du vin blanc, du bitter, du vermout et surtout de l'absinthe.

Trois semaines avant son attaque, il dormait mal, avait des cauchemars [1] ; il avait commencé à perdre la tête, à délirer la nuit depuis huit jours. Deux jours avant son entrée à l'asile, il avait cherché à se noyer.

Après un séjour de deux mois à l'asile de Ville-Évrard, où il avait été transféré, et pendant lesquels il avait nécessairement cessé de boire, il sortit guéri.

Ce fait, comme vous le voyez, est des plus instructifs, car il démontre bien la nature du mal et sa véritable cause, en même temps que la fin de ce mal par la cessation de la cause elle-même.

Docteur LABORDE, *La Lutte contre l'alcoolisme*, A. Picard et Kaan, éditeurs.

Alexandre et Clitus

Pendant une marche longue et pénible dans les plaines arides de l'Asie Mineure, Alexandre le Grand, roi de Macédoine, et son armée souffraient cruellement de la soif.

Quelques hommes, envoyés à la découverte,

1. **Cauchemar**, oppression, étouffement résultant d'un mauvais rêve.

trouvèrent un peu d'eau dans le creux d'un rocher et l'apportèrent au roi dans un casque. Alexandre montra cette eau à ses soldats pour les encourager à supporter la soif avec patience, puisque ces quelques gouttes annonçaient une source voisine. Puis, au lieu de la boire, il la répandit à terre aux yeux de toute l'armée, pour ne pas avoir à lui seul une satisfaction refusée aux autres.

Effets de l'ivresse.

1. Clitus, pendant un combat, sauve la vie à Alexandre.
2. Alexandre, au milieu d'un festin, où il a bu plus que de raison, transperce la poitrine de son sauveur, qui meurt à ses pieds.

Quel est le soldat qui, sous un tel chef, se serait plaint des privations et des fatigues ? Quel est celui qui ne l'aurait pas suivi avec joie ? Aussi, ce chef et cette armée firent-ils la conquête de l'Asie et fondèrent-ils un des plus vastes empires de l'antiquité.

Malheureusement, Alexandre ne sut pas toujours se montrer, comme ici, maître de lui-même et de sa volonté. Il eut la faiblesse de se laisser aller à l'intempérance, et encourut des regrets qui ne finirent qu'avec la vie. Un de ses généraux, nommé Clitus, était son ami. Clitus avait sauvé la vie à Alexandre au passage du Granique[1], en tuant un ennemi dont l'arme était levée sur le jeune conquérant. A Arbelles[2], Clitus commandait un corps de cavalerie. Il rendit les plus grands services au roi dans ces prodigieuses campagnes qui lui donnèrent l'empire du monde ancien.

Au milieu d'un festin, où tous les convives avaient bu plus que de raison, Clitus, échauffé par le vin, irrité d'entendre rabaisser la gloire des vieux chefs macédoniens, osa mettre les exploits de Philippe au-dessus de ceux de son fils Alexandre. Le roi, ivre lui-même, ne se connaissant plus, se leva, saisit sa lance et en transperça la poitrine de Clitus, qui expira sur-le-champ.

Le lendemain, revenu à lui-même, Alexandre témoigna le plus violent désespoir. Il avait ainsi récompensé les longs et fidèles services d'un de ses plus glorieux capitaines, d'un de ses amis les plus dévoués.

STEEG, *Les dangers de l'alcoolisme,* F. Nathan, éditeur.

1. **Granique**, fleuve de l'Asie Mineure.

2. **Arbelles**, ville de l'Asie Mineure où Alexandre vainquit Darius.

Sobriété des Spartiates

La sobriété des Spartiates est restée proverbiale, tout comme leur patriotisme.

Lycurgue, législateur de Lacédémone, voulut faire de ses sujets une nation de guerriers. Craignant que la douceur du climat, la fertilité du sol de la Laconie ne pussent les amollir, il leur donna une constitution sévère. Ses lois les plièrent sous une discipline rigoureuse.

Le jeune Spartiate était élevé dans la pensée qu'il appartenait à l'État. De bonne heure, il était rompu aux exercices du corps destinés à l'endurcir contre la fatigue, contre le chaud et le froid, contre la faim et la soif. Il allait toujours tête et pieds nus ; hiver comme été, il portait une même robe qui devait durer toute l'année ; il couchait sans couvertures, sur la paille ou sur les roseaux.

Tout Spartiate fondait une famille ; mais la constitution de la cité ne lui en laissait pas la complète jouissance. Le repas du soir était pris en commun, entre égaux : c'était une règle qui n'admettait pas d'exception. Au retour d'une expédition contre Athènes, le roi Agis demanda qu'on lui apportât son repas chez lui. Après une longue absence, il avait le désir bien légitime de dîner avec sa femme. Cette faveur lui fut refusée.

Le menu était peu savoureux, tout au moins dans les premières années de l'existence de la cité guerrière. La frugalité en était la règle ; Lycurgue pensait que l'abondance et la variété des mets disposent mal à supporter les fatigues militaires. Les aliments habituellement offerts à l'appétit des convives étaient du pain d'orge, des viandes accommodées sans recherche ; mais le plat

Afin d'inspirer à leurs enfants l'horreur de l'ivresse, les Spartiates leur montraient des êtres méprisables, dont la raison était égarée à la suite d'excès de boisson.

qui revenait le plus souvent était le brouet noir, sorte de potage grossier, dont se régalaient ces robustes et énergiques guerriers. Pourtant, il n'était point fait pour flatter le palais. Denys, tyran de Syracuse, eut, un jour, la fantaisie de le goûter : « Votre brouet est détestable, dit-il en faisant la grimace. — Vous le trouveriez bon, répliquèrent les Spartiates, si, comme nous, vous aviez fait les exercices de la course et de la lutte. »

Le vin n'était pas banni sans doute de ces agapes [1] ; mais il devait être pris modérément ; car les Spartiates ne manquaient pas de prémunir la jeunesse contre les dangers de l'ivresse. Afin d'en inspirer l'horreur à leurs enfants, ils leur donnaient le spectacle des esclaves ivres. La vue de ces êtres méprisables qui fléchissaient sur leurs jambes, qui avaient perdu l'usage des sens, et dont la raison était égarée, excitait leur orgueil d'hommes libres, les préservait des excès de la boisson et de la table.

C'est grâce à l'austérité [2] de ses mœurs que Sparte a produit des soldats comme ceux de Léonidas [3], qu'elle a fait la conquête du Péloponèse [4]. Sa décadence a commencé lorsqu'elle s'est relâchée de ses traditions de mâle discipline, et qu'elle s'est laissé gagner par la soif de l'or et de la volupté.

Le souvenir de ses victoires a pu disparaître ; vingt siècles après, l'exemple de ses vertus civiques subsiste encore.

---

1. **Agapes**, repas amical et fraternel.

2. **Austérité**, sévérité qu'on apporte dans sa nourriture ou dans sa conduite.

3. **Léonidas**, roi de Sparte, héros des Thermopyles ; au sacrifice de sa vie, il a arrêté dans ce défilé, avec 300 hommes, l'invasion des Perses, conduits par Xerxès.

4. **Péloponèse**, ou Morée, presqu'île au sud de la Grèce.

Le Gouffre

« Pierre, savez-vous ce que c'est qu'un gouffre?

— Oui, Monsieur, c'est un grand trou.

— Si grand, si profond, que tout ce qui y tombe s'y perd et disparaît. Savez-vous quel est le plus grand de tous les gouffres?

— C'est la mer.

— Non, c'est la bouche. »

A ces mots, les bouches s'ouvrent comme par enchantement, les unes pour rire, les autres d'étonnement.

« Cela vous surprend, mes petits amis; et pourtant c'est la vérité pure. N'avez-vous jamais entendu dire, en parlant d'un tel ou d'un tel : « Il a mangé sa fortune? »

— Oui, Monsieur.

— Et quelquefois même : « Il a dévoré sa fortune? » Or avec quoi mange-t-on, dévore-t-on, je vous prie, sinon avec la bouche? Et une fortune, ce n'est pas peu de chose, ce n'est pas l'affaire d'une bouchée. Il y a des fortunes qui s'élèvent à plusieurs millions; des fortunes qui comprennent des maisons, des châteaux, des palais, des terres, des bois, des villages entiers. Et ce ne serait pas un gouffre, une bouche qui avale des châteaux, des domaines? Vous voyez bien que j'avais raison. Les grandes fortunes, les fortunes princières, comme on dit, se mangent tout aussi aisément que les petites, parce que le gouffre dont nous parlons est sans fond; et, par conséquent, ce qu'on y jette ne le remplit pas; il est toujours avide.

Il est vrai de dire que les fortunes ne se mangent pas seulement, elles se boivent, et la chose n'est que trop fréquente par le temps qui court; pas n'est besoin de chercher longtemps pour trouver des ivrognes, on a plus à faire pour les éviter. Mais manger ou boire, tout cela tombe dans le même gouffre, et souvent la raison avec; ou, pour mieux dire, c'est la raison qui tombe la première, car, si les mangeurs et les buveurs conservaient un reste de raison, ils s'arrêteraient avant d'avoir tout bu ou tout mangé. Malheureusement, quand l'habitude est prise, tout y passe. Pour le viveur, pour l'ivrogne, il n'y a plus au monde ni parents, ni enfants,

Châteaux, terres, bois entiers, palais et domaines, peuvent être engloutis par le gaspillage de l'homme gourmand et intempérant. La bouche est un gouffre, capable d'absorber les plus grosses fortunes.

ni amis; il n'y a que la table et la bouteille.

Avis aux gourmands, s'il en est parmi vous; car il y a un commencement à tout, et les défauts de l'enfant sont les racines des vices de l'âge mûr. »

A. VESSIOT.

Une leçon de tempérance

Lorsque Cyrus, fils de Cambyse, prince perse, eut atteint sa douzième année, sa mère le conduisit chez son grand-père Astyage, roi des Mèdes. Il trouva dans cette cour des mœurs bien différentes de celles des Perses, car les Mèdes vivaient dans la mollesse; la vie des Perses, au contraire, était rude et laborieuse.

Un jour qu'il assistait à un repas très somptueux, dans lequel on avait tout prodigué, il parut indifférent à tout ce fastueux [1] appareil. Comme Astyage en était surpris : « Les Perses, dit-il, ne prennent pas tant de détours ni de circuits pour apaiser leur faim : un peu de pain et de cresson leur suffit. » Son grand-père lui ayant permis de disposer à son gré de tous les mets qui étaient servis, il les distribua à tous les officiers du roi,

1. **Fastueux**, qui a du faste, c'est-à-dire un grand luxe.

pour les récompenser de leurs services; mais il ne donna rien à Sacas, l'échanson[1] d'Astyage. Le roi se montra sensible à cet affront, et reprocha vivement à Cyrus d'avoir manqué d'égards envers un officier si distingué par son dévouement et par l'adresse merveilleuse avec laquelle il lui servait à boire : « Ne faut-il que cela, repartit Cyrus, pour mériter vos bonnes grâces? Je les aurai bientôt gagnées; car je me fais fort de vous servir mieux que lui. » Aussitôt, on équipe le petit Cyrus en échanson. Il s'avança gravement d'un air sérieux, la serviette sur l'épaule; tenant la coupe délicatement de trois doigts, il la présenta au roi avec une grâce et une dextérité qui charmèrent Astyage. Quand cela fut fait, il se jeta au cou de son grand-père, et, en le baisant, il s'écria plein de joie : « O Sacas! pauvre Sacas! te voilà perdu! j'aurai ta charge. » Astyage lui dit, en lui témoignant beaucoup d'amitié :

A l'âge de douze ans, Cyrus donna une leçon de sobriété à son grand-père Astyage.

1. **Échanson**, officier dont la charge était de servir à boire.

— Je suis très content, mon fils, on ne peut pas mieux servir; vous avez cependant oublié une cérémonie qui est essentielle, c'est de goûter la liqueur que vous m'avez présentée.

— Ce n'est point du tout par oubli, reprit Cyrus, que j'en ai usé ainsi.

— Et pourquoi donc? dit Astyage.

— C'est que j'ai craint que cette liqueur ne fût du poison.

— Du poison! s'écria le roi, et comment cela?

— Oui, mon père, répliqua le jeune prince: car il n'y a pas longtemps que, dans un repas que vous donniez aux grands seigneurs de votre cour, j'aperçus qu'après qu'on eut bu de cette liqueur, la tête tournait à tous les convives. On criait, on chantait, on parlait à tort et à travers. Vous parassiez avoir oublié, vous, que vous étiez le roi, et eux, qu'ils étaient vos sujets. Enfin, quand vous vouliez vous mettre à danser, vous ne pouviez vous soutenir.

— Comment! reprit Astyage, n'arrive-t-il pas la même chose à votre père?

— Jamais! répondit Cyrus; quand il a bu, il cesse d'avoir soif, et voilà tout ce qui lui en arrive.

Rollin.

Témoignage d'un explorateur

En voyage d'exploration aux régions polaires, Ross fut obligé d'hiverner avec tout son équipage à quelque distance de son vaisseau pris dans les glaces. Voici ce qu'il raconte lui-même au sujet de l'usage de l'alcool :

« Si je dois à nos hommes la justice de dire qu'ils montrèrent toujours la plus grande ardeur, ils méritent encore plus d'éloges pour la résignation avec laquelle ils accomplirent un sacrifice vraiment méritoire. J'étais le seul qui ne bût aucune liqueur spiritueuse ; et tous, excepté moi, avaient eu de violents maux d'yeux. Je leur représentai que l'usage du grog en était la cause, et je leur proposai d'y renoncer, leur faisant remarquer en même temps que, quoique le plus âgé de tous, j'étais celui qui supportait le mieux la fatigue et le froid. Aucun n'hésita à y consentir. Ils avaient un réel mérite à cela : il s'agissait, pour eux, de renoncer à une vieille habitude des marins ; de plus, ils avaient toujours cru que cette boisson contribuait principalement à soutenir leurs forces. Nous rapportâmes donc au vaisseau tout ce qui nous restait de la provision dont nous nous étions munis. Aucun d'eux ne se plaignit de la privation, ni ne la regretta.

« Il est pourtant difficile de persuader aux hommes, même à ceux qui n'ont pas l'habitude constante de boire des liqueurs spiritueuses, *qu'elles affaiblissent le corps au lieu de le fortifier*. L'eau-de-vie est un stimulant qui donne un courage momentané, et cet effet est pris pour une augmentation de forces. Mais la plus légère attention prouvera que le résultat est tout autre. Qu'on donne à des hommes occupés d'un travail constant et pénible un verre de grog, ou un petit verre d'eau-de-vie : on verra, souvent au bout de quelques minutes, qu'ils deviennent languissants et faibles, et qu'ils finissent par perdre leurs forces, ce qu'ils attribuent à la continuation de leurs travaux fatigants.

Les explorateurs qui supportent le mieux les rigueurs du climat polaire sont ceux qui ne boivent pas d'alcool.

« Celui qui voudra faire la même expérience sur les équipages de deux barques ramant sur une mer houleuse [1], sera bientôt convaincu que les buveurs d'eau surpassent beaucoup les autres en courage et en vigueur. Il ne faut

1. **Houleux**, se dit de la mer agitée par la tempête.

pas de meilleure preuve de ce fait que l'expérience des ouvriers qui travaillent aux fonderies de fer. C'est l'ouvrage le plus pénible dont un homme puisse être chargé ; et ceux qui s'en occupent savent fort bien qu'ils ne pourraient en venir à bout, s'ils buvaient même de la bière ; aussi l'eau est-elle leur seule boisson pendant toutes les heures employées à ce rude travail.

« Si les charretiers et les porteurs de charbon de Londres sont d'un avis différent, chacun sait ce qui en résulte. »

J. Ross.

L'Ivrogne et le Pourceau

Contre une borne, au coin d'un mur,
Un citoyen se roulait dans la crotte ;
Il était, comme on dit dans le peuple, en ribote ;
Il s'était aplati là, comme un beau fruit mûr,
La bouche ouverte, l'œil stupide,
Et sans souci du lendemain
Non plus que du respect humain
Cuvait mollement son liquide.
Près de lui, dans le même coin,
S'étalait un beau tas d'ordures ;
En cherchant quelques épluchures,
Un pourceau qui passait vint y fourrer son groin :
« — Veux-tu t'en aller, sale bête ! »
Dit l'ivrogne en l'apostrophant.

L'animal, quoique bon enfant,
Avait son amour-propre; il releva la tête,
Et, s'éloignant de quelques pas,
S'assit sur son train de derrière :
« — Eh bien ! non, lui dit-il, je ne te ferai pas
« L'honneur de me mettre en colère;
« Mais ces mots-là, de bonne foi,
« Font dans ta bouche une étrange figure!
« Où trouver une créature
« Plus bête et plus sale que toi?
« Te voilà vautré dans l'ordure,
« De l'univers, toi qui te dis le roi!

S'il y a, dans la vie d'un porc, un instant où cet animal peut être fier de lui, c'est certainement celui où il se trouve en présence d'un ivrogne.

« Et demain tu seras malade!
« Tu diras : « J'ai mal aux cheveux! »
« Mais s'il se trouve un camarade,
« Vous recommencerez à vous soûler tous deux!
« Ah! tu m'appelles : Sale bête!
« Mais que dirais-tu donc si tu voyais ta tête,
« Ces cheveux éméchés et ce nez violet,
« Ce pantalon et ce gilet
« Souillés par le trop-plein de ta débauche infâme,
« Cette échine avachie [1] et ces membres perclus [2] ?

1. **Avachi**, mou et déformé, terme familier.
2. **Perclus**, privé de mouvement.

« Je cherche où peut être ton âme,
« Car tu n'es qu'un trou, rien de plus!
« Va, reste là dans la boue où tu grognes.
« Plus ignoble qu'un vieux torchon!
« Ah! qu'on est fier d'être Cochon
« Quand on regarde les ivrognes! »

STOP.

Le Génie malfaisant

Les Levantins, dans leurs légendes, racontent qu'un riche marchand, à la venue d'un nouveau-né, convia à un festin fées et génies, qui, dit-on, peuplent encore ces lointains pays.

Nombreux furent les cadeaux et brillants furent les sorts.

Le brave homme, au comble du bonheur, remerciait ses hôtes de leur puissante protection, quand un mauvais génie, qu'on avait oublié d'inviter, apparut près du berceau.

— Ton fils, dit-il au père, d'une voix courroucée[1], sera méchant, voleur et assassin.

Le pauvre homme, désolé, se jeta aux pieds du génie trouble-fête, s'excusant de son mieux et demandant grâce pour l'innocent.

— Bien, répondit l'autre; si tu préfères, il ne sera qu'intempérant.

1. **Courroucé**, en colère.

Intempérant ! qu'était-ce à côté des terribles sorts jetés tout d'abord par le malencontreux génie ! L'espoir et la joie regagnèrent le cœur du pauvre père.

Hélas ! le dieu malin l'avait abusé ; l'ivrognerie rendit le fils du marchand un très mauvais sujet : sous l'influence de son intempérance, il devint voleur, et assassina son père dans un accès d'ivresse.

En vouant le nouveau-né à l'Intempérance, le mauvais génie lui avait apporté le pire des souhaits.

Ce conte prouve que si, avec quelque raison, l'on a fait de la paresse la mère de tous les vices, l'on peut, sans crainte, en attribuer à l'alcoolisme toute la paternité.

Dr Noir.

Le Mari ivrogne

Bardaine était le maquignon le plus renommé de la région. Nul ne s'entendait comme lui à faire valoir les formes d'un cheval ; nul non plus n'avait comme lui ce coup d'œil sûr qui découvre les tares[1] et déjoue les fraudes des marchands. Il faisait d'importantes affaires, car il charmait éleveurs et amateurs par sa familiarité et surtout par ses largesses au cabaret. C'est au cabaret qu'un maquignon qui se respecte fait ses transactions : nul lieu n'est, paraît-il, plus favorable pour conclure un marché. Comment débattre les conditions, si on n'a le verre à la main ?...

Le cabaret, Bardaine l'aimait, pour son bruit excitant, pour son atmosphère enivrante. Très entouré, il offrait de larges rasades ; avec de gais compagnons comme lui, il faisait de copieux repas ; on engloutissait saucisses et grillades, qu'on arrosait de vins rouges frelatés et de vins blancs capiteux. Puis, le café était le prétexte à des tasses d'eau-de-vie qui brûlaient le palais, et sans lesquelles il n'y a pas, disait-il, de bonne digestion.

Le soir, il rentrait au logis, la tête alourdie, le dégoût au cœur, la parole embarrassée. Il avait confié la garde de ses chevaux à des palefreniers qui les ramenaient dans la nuit, non sans faire, à l'imitation de leur patron, de fréquentes stations aux auberges de la route.

1. **Tare**, défaut d'un animal.

Sa femme, Julie, était une douce personne, affinée par l'éducation, et qui possédait une certaine fortune. Elle avait épousé le marchand de chevaux, séduite par ses airs pleins d'aisance, sa parole abondante et spirituelle. Il fallut bientôt déchanter. Les dernières illusions de Julie se dissipèrent le jour où Bar-

Quand on prend l'habitude de traiter ses affaires à l'auberge, on ne tarde pas à laisser au fond des verres le bénéfice des marchés.

daine vint lui avouer qu'il avait fait des spéculations malheureuses ; le crédit lui était refusé. Dans sa conception de la probité, Bardaine se serait accommodé du concordat[1] consenti par les créanciers. Julie était plus scrupuleuse sur l'honneur : sans hésiter, elle réalisa sa fortune, et paya toutes les dettes. Avec les quelques fonds qui lui restèrent, elle acheta une petite ferme aux environs.

Bardaine cessa de fréquenter régulièrement les marchés des bourgades ; mais il visita les

1. **Concordat**, accommodement consenti par les créanciers à un commerçant ayant fait de mauvaises affaires.

cabarets des hameaux voisins. Là, toute la journée, dans l'atmosphère épaissie du bouge, le soir, à la lueur douteuse de la chandelle, les cartes graisseuses s'abattaient sur la table empuantie. On buvait des vins chauds ; on vidait des petits verres ; les rincettes succédaient aux chopines.

Aux dépenses de l'homme paresseux et avili, la courageuse Julie opposait tout l'effort de son travail et toutes les ressources de son économie. Elle éleva des poules, des oies, des dindons, des lapins ; elle solda sans se plaindre les notes des cabaretiers et les pertes de jeu.

Mais tout a une fin : la santé de l'ivrogne s'affaiblit. Un soir d'hiver, il sortit de l'auberge tout congestionné par la chaleur du poêle et l'ivresse de l'alcool. Le froid vif le saisit, il fallut s'aliter ; une violente fièvre se déclara, il mourut, hanté, dans son délire, par les vins chauds et les liqueurs.

Cet être inutile n'a pas laissé d'amis. Une seule personne pleura à son enterrement : sa femme, la douce, l'idéale Julie, dont la malheureuse existence avait été un continuel sacrifice.

Hercule choisissant sa route

A peine sorti de l'enfance, Hercule arrivait à cet âge où les jeunes gens, déjà maîtres d'eux-mêmes, laissent voir s'ils entreront dans la vie par le chemin de la vertu ou par celui du vice. Il se retira dans la solitude et s'y reposa, indécis sur la route qu'il allait choisir.

Deux femmes d'une taille extraordinaire se présentèrent à ses yeux. L'une d'elles, richement parée, s'avança vers le jeune homme d'un pas indolent, et lui dit :

— Je le vois, Hercule, tu hésites sur la route que tu dois suivre : si tu veux me prendre pour amie, je te conduirai par le chemin le plus heureux et le plus facile ; tu goûteras tous les plaisirs, et tu vivras exempt de peines. Tu passeras ta vie à chercher des mets et des boissons agréables, à découvrir ce qui pourra réjouir tes yeux et tes oreilles, flatter ton odorat.

— Femme, quel est ton nom ? lui dit Hercule après l'avoir écoutée.

— Mes amis, répondit-elle, m'appellent la *Félicité* [1] ; mes ennemis, pour m'outrager, me nomment la *Mollesse*.

L'autre femme portait une robe blanche ;

1. **Félicité**, bonheur suprême.

sa tenue était modeste, sa démarche noble. Elle s'avança :

— Je viens aussi vers toi, Hercule, lui dit-elle, dès ton enfance, ceux qui t'ont donné le jour m'ont fait connaître à toi : je suis la *Vertu*. Si tu prends la route qui mène vers moi, tu acquerras auprès des hommes de bien honneur et considération. Je ne veux point te tromper par des promesses de plaisirs. Sans le travail et la constance, les hommes ne font rien de beau et d'honorable : si tu veux que tes amis te chérissent, tu dois être leur bienfaiteur; si tu veux que ton pays t'honore, tu dois le servir; si tu veux que la terre te donne libéralement ses fruits, tu dois la cultiver. Si tu veux acquérir la force du corps, tu dois habituer ton corps à se soumettre à l'intelligence, tu dois l'assouplir par les travaux et les sueurs.

Hercule, fatigué de sa tâche éternelle,
S'assit un jour, dit-on, entre un double chemin :
Il vit la Volupté qui lui tendait la main :
Il suivit la Vertu qui lui sembla plus belle.

A. DE MUSSET.

La Mollesse reprit alors :

— Comprends-tu, Hercule, combien est

pénible et longue la route que cette femme te trace pour arriver au bonheur ? C'est par un chemin facile et court que je te conduirai à la félicité.

— Misérable, lui dit la Vertu, quels biens possèdes-tu donc ? quels plaisirs peux-tu connaître, toi qui ne veux rien faire pour les acheter ? Tu ne laisses pas même naître le désir ; rassasiée de tout avant d'avoir rien souhaité, tu manges avant la faim, tu bois avant la soif. Ce n'est pas la fatigue, mais l'oisiveté, qui te fait désirer le sommeil. C'est ainsi que tu formes tes amis : tu les dégrades. Jamais tu n'as vu le spectacle le plus agréable de tous, car jamais tu n'as contemplé une bonne action que tu aies faite. Tu es méprisée des hommes honnêtes. Quant à moi, tempérante, prudente et honnête, je reste la compagne chérie de l'artisan... Hercule, fils de parents vertueux, crois-moi : c'est par le travail et la tempérance que tu peux acquérir le suprême bonheur.

Ce dernier appel transporta d'enthousiasme le jeune adolescent. Hercule n'hésita point ; il prit pour guide la Vertu, et il accomplit les travaux admirables qui ont perpétué son nom, lui ont valu d'être placé par les Grecs au rang des demi-dieux.

D'après Xénophon. (Apologue de Prodicus.)

Le Cabaret

Rien ne dit : « Entrée interdite ! »
Sur le seuil de cette maison,
Et cependant l'on y débite,
La nuit et le jour, du poison.

La porte du cabaret conduit à l'hôpital et à la prison : n'entrons pas.

Pour ce logis plein d'épouvante,
Il faudrait, comme pour l'enfer,
Une enseigne écrite par Dante [1]
Avec une plume de fer.

On devrait lire sur la porte :
« Passant, ne franchis pas ce seuil,
« Car de ce lieu-ci l'on n'emporte
« Que déshonneur, misère et deuil.

1. **Dante**, célèbre poète italien. Allusion à l'inscription que, dans un de ses poèmes, il a placée à l'entrée des enfers : *Laisse ici toute espérance.*

« Ne pénètre pas dans cet antre [1],
« On y perd le corps et l'esprit :
« Intelligent et brave on entre,
« L'on en sort stupide et flétri.

« Si tu veux rester honnête homme,
« Résiste à l'attrait du poison,
« Car ce bouge-ci n'est, en somme
« Que l'école de la prison ! »

STANISLAUS.

Effets de l'ivresse

Dans l'ivresse, l'affaiblissement commence par les parties du cerveau les plus délicates, celles qui servent à l'exercice de nos facultés supérieures. Nous perdons tout d'abord l'attention, le jugement, la volonté; nous ne pouvons, quand nous sommes gris, ni suivre un raisonnement un peu compliqué, ni échapper quelquefois à des obsessions [2] qui s'imposent obstinément à notre esprit : l'entêtement des ivrognes est proverbial. Simultanément, nos instincts, nos passions sont surexcités. Il y a là un déséquilibre qui peut produire un moment d'illusion et de bonheur, mais qui constitue un état extrêmement fâcheux. Nous restons des hommes pour les passions quand nous

1. **Antre**, caverne, lieu mal fréquenté.
2. **Obsession**, idée persistante qui poursuit l'esprit.

sommes devenus des enfants pour la raison.

Il est facile de comprendre que, dans cet état, nous perdions toute mesure et toute retenue : ambitieux, fanfarons, fantasques, n'apercevant plus ni difficultés ni obstacles, méconnaissant toute autorité et toute discipline morale ou sociale, nous nous laissons aller à nos illusions les plus extravagantes et à nos impulsions les plus désordonnées.

Avec l'alcool, la misère, la ruine, le désespoir entrent au logis.

Mais ce n'est encore là qu'une phase [1] passagère. Bientôt l'imagination, l'enthousiasme s'éteignent à leur tour; l'irritabilité, la colère et la violence succèdent aux courts moments d'expansion et de bien-être.

Si l'ivresse n'est pas violente, elle est triste. Les sens de l'homme, ces fenêtres ouvertes sur le monde joyeux, sur la nature brillante, se ferment ou s'obscurcissent sous l'action progressive du poison alcoolique. L'ivrogne, dont l'imagination s'était d'abord allumée

1. **Phases**, changements successifs d'un événement ou d'une maladie.

comme pour une fête intérieure, voit disparaître peu à peu les lueurs de ses sens et de son esprit. Tous les flambeaux de sa joie passagère s'éteignent successivement; et, dans la nuit de son cerveau, il se retrouve face à face avec ses préoccupations habituelles. Les soucis de son existence, les amertumes de sa vie lui reviennent à l'état d'obsessions pesantes, sans qu'il puisse y opposer aucune diversion consolante, sans qu'il parvienne à réagir contre un chagrin aussi confus qu'accablant : il geint[1], il pleure, la pensée du suicide le hante quelquefois. Alors, comme il avait bu tout à l'heure pour augmenter sa joie, il boit maintenant pour échapper à sa tristesse; et il y échappe, en effet, par la paralysie qui survient à la fin.

Ainsi, l'excitation légère et agréable fait rapidement place à une expansion immodérée, à laquelle succède bientôt la violence ou la tristesse, et enfin la paralysie de la parole et des mouvements, terminée par un sommeil apoplectique[2].

Telles sont les phases rapidement parcourues d'un accès d'ivresse alcoolique.

AD. COSTE, *Alcoolisme et épargne*, F. Alcan, éditeur.

1. **Geindre**, gémir, se plaindre.

2. **Apoplectique**, qui tient de l'apoplexie, état de l'organisme qui est subitement privé de mouvement et de connaissance.

Le Talent et la Tempérance

François Villon fut tout à la fois fripon, assassin et poète. Il trompait les cabaretiers, dérobait habilement en plein marché la chair et le poisson, le pain et le vin ; car il aimait

François Villon. — François Villon est un poète du XVe siècle. Ses œuvres comptent parmi les meilleures de notre littérature. Il fut un novateur dans la langue, dans les idées, dans la poésie. Malheureusement, la débauche, la paresse, l'ivrognerie, empêchèrent cet homme de talent de faire une œuvre saine et de donner la mesure de sa valeur. Villon l'a compris un peu tard, lorsqu'il a écrit : « Je plains le temps de ma jeunesse. »

Alfred de Musset. — Alfred de Musset, né à Paris, en 1810, et mort en 1857. A vingt ans, il fit paraître son premier recueil de poésies. Grâce à son talent plein de grâce et de naturel, il est un des poètes les plus appréciés de notre temps. La funeste passion de l'absinthe devait obscurcir sa belle intelligence et briser une carrière si brillamment commencée.

les repas copieux et abondamment arrosés. Il se grisait de vin : à son époque, au XVe siècle, on ne distillait pas encore l'alcool. Dans son existence agitée, après avoir bu à rouge bord et tenu longue table, il a maintes fois dégainé la rapière[1]. Aussi le poète a connu la prison, et la corde l'attendait, lorsque Louis XI lui fit grâce. Pris d'un tardif « remords de conscience », il déclare que le temps de sa jeunesse lui « a laissé regret pour don ». Il meurt avant quarante ans, en jetant ce cri du cœur : « Si c'était à recommencer ! »

Après Villon, combien d'autres ont gaspillé une existence dont ils pouvaient faire un meilleur emploi ! Sans doute la France est riche en écrivains, en savants, en artistes ; et elle n'en est pas à faire le compte de quelques talents de plus ou de moins ; mais ses enfants ont-ils le droit de lui ravir des intelligences et des activités faites pour la servir ?

Songe-t-on sans tristesse à cet illustre poète, Alfred de Musset, dont le rayonnement de jeunesse était plein d'espérances, et qui a tari par l'absinthe la source de sa belle inspiration ? Il laisse, à la vérité, une brillante production ; mais il s'est survécu à lui-même. A trente ans, il a interrompu son œuvre. Quand il mourut à quarante-sept ans, il était jeune encore par l'âge ; depuis longtemps déjà, la boisson avait brûlé son corps et éteint son intelligence.

Faut-il rappeler aussi le souvenir du peintre Courbet, dont l'œil si clair et si juste a été

1. **Rapière**, nom qu'on donnait autrefois à une longue épée.

voilé par le même poison? Dans la pleine maturité de l'âge et du talent, il a laissé tomber le pinceau de ses mains. Sur la fin de ses jours, lui, l'artiste, passait son temps à lutter de petits verres avec les paysans de Vevey[1], où il est mort.

Chevreul (Michel-Eugène). Ce vénérable savant, né à Angers, mourut en 1889, âgé de 103 ans. Venu jeune à Paris, il s'adonna à la chimie et surtout à la chimie industrielle. Il dirigea le service des teintureries à la Manufacture des Gobelins. Il entra en 1826 à l'Académie des sciences, et il fut directeur du Muséum d'histoire naturelle. On lui doit, entre autres inventions, celle des bougies stéariques. Ce fut un savant, un patriote et un homme de bien. Chevreul dut à sa sobriété, à la régularité de sa vie, sa grande longévité et la conservation, jusqu'à son dernier jour, de ses admirables facultés.

A ces hommes perdus pour l'art et la littérature, combien il est consolant d'opposer la belle et féconde vieillesse de Chevreul. Ce savant chimiste est mort à l'âge de cent trois ans ; jusqu'à son dernier jour, il a travaillé, il a gardé sa lucidité d'intelligence. Ses beaux travaux sur les corps gras, sur les matières colorantes se sont traduits par d'importantes applications industrielles.

1. **Vevey,** ville de Suisse, sur le lac de Genève.

Or Chevreul n'a jamais bu de spiritueux. La jeunesse des écoles fêta son centenaire avec beaucoup d'enthousiasme. On raconte que ce jour-là il but, pour la première fois de sa vie, une coupe de champagne.

Il n'est pas indispensable de pousser la sobriété aussi loin que Chevreul ; mais que cette qualité paraît admirable et précieuse, quand on pense aux excès de Musset et de Courbet ! Elle sauvegarde la santé ; elle respecte l'intelligence ; elle épargne les regrets cuisants dont Villon a eu la sincérité de faire l'aveu.

Effroyable et juste châtiment

Quel est le grand mal, le mal essentiel de l'intempérance ?

La réponse est que l'intempérance est l'extinction volontaire de la raison. Le mal est intérieur ou spirituel. L'ivrogne se dépouille, pendant un certain temps, de sa nature raisonnable et morale ; il perd la conscience de ce qu'il est et l'empire sur lui-même ; il produit en lui la démence [1] ; et, par la répétition de cette folie, il dégrade de plus en plus ses

1. Démence, folie.

facultés intellectuelles et morales, et pèche d'une manière immédiate et directe contre la raison, ce principe souverain, qui distingue la vérité du mensonge, le bien du mal, et qui sépare l'homme de la brute. C'est là l'essence du vice, ce qui en fait l'horreur et le danger, ce qui devrait principalement frapper et animer quiconque travaille à le détruire. Les autres maux de l'intempérance ne sont rien en comparaison de celui-là; presque tous en viennent; et il est juste, il est à désirer que tous les autres maux s'y joignent et l'accompagnent. Oui, quand l'homme lève un bras criminel contre ce qui fait sa vie, quand il éteint sa raison et sa conscience, il est à désirer que lui et tous les autres soient avertis d'une manière solennelle, effrayante de l'énormité du crime; que des calamités extérieures et terribles soient la preuve de la ruine intérieure à laquelle il travaille; que la condamnation et le malheur écrits sur son visage, sur son corps, sur toute sa personne déclarent quelle terrible chose c'est pour l'homme de renoncer à sa raison et de s'abrutir.

Il est ordinaire, chez ceux qui parlent contre l'intempérance, de dépeindre le visage aviné de l'ivrogne, tantôt rouge, tantôt d'une pâleur mortelle; on montre ses membres tremblants et paralysés; on fait voir sa prospérité décroissante, sa misère, son désespoir; on décrit sa demeure où règnent la tristesse et la désolation, son foyer glacé, sa table pauvre, sa femme au cœur brisé, l'aspect misérable de ses enfants; et nous gémissons devant ce triste tableau. Mais il est juste que cela soit ainsi. Il est juste que celui qui, ayant été averti, éteint en lui le flambeau de la conscience pour descendre au rang des brutes, soit au milieu de ses concitoyens un monument de la colère divine, et qu'il enseigne partout où on le verra, qu'il enseigne dans tout son aspect, dans chacun de ses mouvements, quel épouvantable crime c'est que de détruire sa raison!

L'intempérance dégrade l'homme loin de nous en amuser, nous avons de graves raisons de nous en affliger.

CHANNING, *Œuvres sociales*, E. Fasquelle, éditeur.

Bienfaits de l'Epargne

C'était dans un des faubourgs de Paris. Il y a quelques années, un fabricant avait un ouvrier à haute paye très adonné au vin et s'enivrant à outrance, sans que rien ne pût le corriger, mais d'une rare habileté. Pas de quinzaine ne se passait sans qu'il le renvoyât; mais il ne tardait pas à le reprendre dans l'intérêt de sa fabrique. Cependant le vin finit par prendre un tel empire sur le malheureux ouvrier qu'on jugea impossible de le conserver.

Notre ivrogne comprit que c'était sérieux cette fois et qu'il lui fallait se décider à un effort. Il supplie son patron, mais celui-ci ne consent à le recevoir qu'à un salaire très réduit.

— Vous n'aurez plus ainsi, dit-il, 10 centimes pour aller au cabaret ; à peine pourrez-vous vous suffire avec une telle réduction ; mais il faut en passer par là, sinon non.

L'ouvrier consent. Pendant quinze mois, on n'eut rien à lui reprocher ; il tint sa promesse.

Après ce délai, cependant, survinrent quelques circonstances de fêtes et de noces qui semblèrent amollir son courage. Il retournait parfois au cabaret, sans s'enivrer néanmoins. Mais les visites se firent de plus en plus fréquentes.

Le patron le fit alors appeler, et lui montrant un livret de caisse d'épargne avec un dépôt de six cents francs :

— Tenez, Albert, voici un livret où j'ai fait inscrire en mon nom, chaque quinzaine, la retenue faite sur votre paye. Je vois que vous allez retomber dans votre ancien vice ; je ne vous tolérerai pas même une apparence d'infraction [1] à nos conventions. D'un autre côté, je ne veux pas profiter de votre abandon de salaire. Je vais donc faire transférer ce livret

Gardez ce livret, patron! six cents francs à moi! Est-ce que je rêve?

à votre nom, et nous nous séparerons encore bons amis.

A la vue d'une somme dépassant tout ce qu'il avait pu rêver, l'ouvrier fut comme frappé de stupeur. La possession imprévue d'un tel capital lui fut comme un coup de foudre hygiénique, auquel il ne put résister. Tombant sur une chaise il s'écria :

— Non, non ! gardez, patron, et que Dieu vous bénisse mille fois ! six cents francs à moi ? A

1. **Infraction**, violation d'un ordre, d'une loi.

moi six cents francs ? Est-ce que je rêve ? Gardez, patron, gardez toujours pour moi. J'y ajouterai encore de mon côté, car je ne veux plus goûter au vin et je veux me marier.

Ce ne fut plus le même homme : il tint parole, fit un versement à chaque paye, se maria et fonda une honnête famille. Une petite somme n'eût ouvert chez lui qu'une perspective de bombance ou d'orgie ; mais le capital formé lentement par son travail lui était apparu comme un instrument de salut et d'indépendance.

Magasin pittoresque.

Le petit verre du matin

Un jour, je dus prendre, pour revenir chez moi, la charrette d'un messager. Elle était attelée d'un seul cheval qui allait au pas ; je descendis près du conducteur et je me mis à suivre à pied comme lui.

C'était un homme encore jeune, de belle apparence, et dont le visage annonçait cette santé robuste qui est le salaire d'une bonne conscience. J'appris bientôt qu'il possédait quelques arpents de terre, qu'il cultivait entre ses voyages. Il me racontait l'histoire de son domaine, comme il l'appelait en riant, quand nous fûmes croisés sur la route par un homme pauvrement vêtu, courbé, dont les cheveux grisonnants retombaient en désordre sur son visage bourgeonné. Celui-ci salua avec la chaleur bruyante de l'ivresse, et le voiturier répondit d'un ton de familiarité qui me surprit.

Cet homme-là, Monsieur, a été mon bienfaiteur et mon maître ; mais voyez ce que la funeste habitude du petit verre a fait de lui, naguère si considéré dans le pays.

— C'est un de vos amis ? demandai-je quand il fut éloigné.

— Cet homme-là, monsieur, répéta-t-il, c'est mon bienfaiteur et mon maître.

Je le regardai comme si je n'avais pu comprendre.

— Ça vous étonne, reprit le messager en riant ; c'est pourtant la vérité. Il faut vous dire d'abord que Jean Picon (c'est ainsi qu'on le nomme) est un ancien camarade d'enfance ; en prenant de l'âge, il eut bientôt toutes les habitudes d'un bon vivant.

Le hasard finit par nous mettre ouvriers chez le même patron. Le premier jour, au moment de partir pour le travail, voilà que Picon et les autres s'arrêtent au cabaret pour boire le coup d'eau-de-vie du matin. Je restai à la porte, sans trop savoir ce que je devais faire, mais ils m'appelèrent tous. « N'a-t-il pas peur que ça le ruine ! s'écria Picon en se moquant. Deux sous d'économie : il croit peut-être que ça le rendra millionnaire ! »

Les autres se mirent à rire, ce qui me fit honte, et j'entrai boire avec eux. Cependant, arrivé au champ, et tout en m'occupant du labour, je commençai à ruminer ce que Picon m'avait dit.

Le prix de ce petit verre du matin était, dans le fait, peu de chose ; mais, répété chaque jour, il finissait par produire trente-six francs cinquante par an ! Je me mis à calculer tout ce qu'on pouvait avoir avec cette somme.

Trente-six francs cinquante, dis-je, c'est, quand on est en ménage, une chambre de plus au logement, c'est-à-dire de l'aisance pour la femme, de la santé pour les enfants, de la bonne humeur pour le mari. C'est le prix d'une chèvre.

Puis, retournant mon esprit d'un autre côté, j'ajoutai :

Trente-six francs cinquante ! notre voisin

Jérôme ne paye point davantage pour la location de l'arpent de terre qu'il cultive et qui nourrit ses enfants. Avec cet argent, dépensé chaque matin au détriment de ma santé, je puis élever une famille et ramasser les épargnes nécessaires à mes vieux jours.

Ces calculs et ces réflexions me décidèrent. Je laissai de côté la mauvaise honte qui m'avait fait céder une fois aux sollicitations de Picon ; j'épargnai sur mes premiers gains ce qu'il m'aurait fait dépenser au cabaret, et bientôt je pus devenir patron à mon tour.

Voyez où cela nous a conduits tous deux ! Les haillons de Picon, sa vieillesse prématurée et le mépris des honnêtes gens ; mon aisance, ma santé : tout cela vient d'une habitude prise. Sa misère, c'est le petit verre d'eau-de-vie qu'il boit en se levant, comme mes joies sont les deux sous épargnés chaque matin.

E. Souvestre, *Confessions d'un ouvrier*,
Calmann-Lévy, éditeur.

La Femme du forgeron

C'était un brave homme, mais un faible caractère que Lantelier. Il aimait bien sa jeune femme, Marie, une couturière proprette et active aux traits fins et délicats. Au lendemain de leur mariage, Marie avait quitté l'atelier pour prendre la direction du ménage. De leur union naquirent deux enfants qui apportèrent à Marie avec un surcroît de besogne, toutes les joies de la maternité.

Lantelier était un ouvrier forgeron. Passionné pour son métier, il frappait le fer comme pas un, et il gagnait un fort salaire. Mais le feu de la forge excite la soif; les camarades l'entraînant, il s'adonna à la boisson.

Dès lors, commença pour sa femme une existence atroce. Il fallut qu'elle travaillât afin de subvenir aux besoins du ménage. En attendant son homme, bien avant dans la nuit, elle cousait à la lumière du pétrole pour les maisons de confection. De temps en temps, elle jetait un coup d'œil sur ses charmants enfants qui reposaient dans leur couchette, essuyait une larme et reprenait courage. Quand Lantelier rentrait, violent et méchant, Marie se taisait pour ne pas irriter sa colère.

Les soirs de paye, elle allait au-devant de l'ouvrier forgeron pour sauver un peu de ce salaire qui se fondait dans les verres, pour préserver son mari de l'avilissement de l'alcool. Et c'étaient, aux alentours des débits, de longues et pénibles attentes au froid et sous la pluie, les pieds dans la boue.

Ces longs stationnements, les fatigues des veilles, le travail et le chagrin minèrent lentement la pauvre femme. Les forces la trahirent; une toux sèche la prit, ses joues se creusèrent; la tuberculose commença son œuvre de destruction. Lantelier n'aperçut pas le mal qui atteignait sa femme; celle-ci souffrait en silence, et comptait sur les beaux jours pour se rétablir.

Quelle ne dut pas être la stupeur de Lantelier, quand, rentrant ivre au logis, il trouva sa femme morte d'épuisement et de chagrin!

Pourtant, un matin de jour de paye, comme prise d'un triste pressentiment, elle supplia le forgeron de ne pas s'attarder le soir. Elle se sentait fatiguée, disait-elle, la malheureuse était épuisée.

Il promit, sincère sans doute, mais au fond peu sûr de lui. Dans la journée, la pauvre Marie se traîna comme elle put, mais soigna ses enfants. Le soir venu, après les avoir couchés et embrassés, défaillante, elle se jeta sur son lit et fut prise de vomissements : un flot de sang noir s'échappa de sa bouche...

A une heure avancée de la nuit, L'atelier rentra la tête échauffée. Comment! pas de lumière au logis! On ne l'attendait donc plus maintenant! Il pousse la porte en tempêtant; seuls lui répondent les cris des enfants apeurés. Il s'approche du lit où il suppose que sa femme repose. A tâtons, guidé par le rayon de lumière que le bec de gaz filtre à travers la vitre, que sent-il? Le contact d'un corps froid. « Morte! ma femme est morte! » Subitement dégrisé, il revoit son passé, sa jeunesse laborieuse, ses premières années de ménage et de bonheur. Il était bon ouvrier, mari aimant; l'alcool a fait de lui un autre homme, paresseux et cruel celui-là... Il envisage l'avenir. Il se voit seul désormais, avec deux enfants privés de mère. Va-t-il les tuer eux aussi, avec sa funeste passion?... Et, s'affaissant au pied du lit de la morte, il se met à sangloter; puis, viril, il se relève et jure sur le cadavre de sa femme de ne plus entrer au cabaret.

Il lui en coûta sans doute de changer ses habitudes : il dut fermer l'oreille aux railleries des compagnons, il dut se faire violence pour résister aux assauts de la passion. La pensée de la morte, celle de ses chers orphelins le soutinrent, et il ne succomba pas.

La Sentinelle héroïque

J'étais soldat en 1870, au moment de la grande guerre contre les Allemands. Je faisais alors mon congé au 2e zouaves en Afrique. Mon régiment fut envoyé en France, dans le corps d'armée du maréchal Mac-Mahon. Après Wissembourg et Reichshoffen, je fus versé dans la division du général Vinoy, le seul qui sortit du guèpier[1] de Sedan.

Vinoy se rabattit sur Paris où j'ai passé le siège. Ah! mes enfants, quel hiver! Mal nourris, pas chauffés, et un froid! à geler le vin dans les caves! Ah! c'était dur, pour moi surtout, habitué au climat d'Afrique. Aussi je pintais ferme pour me réchauffer; mais plus je buvais, moins j'avais chaud. Il faut vous dire que j'avais contracté au régiment l'habitude de boire la goutte.

Une nuit, vers la fin de décembre, le soir de l'attaque du Bourget, le régiment était à Villemomble; ma compagnie fut commandée de grand'garde. A une heure du matin, le caporal vint me réveiller pour relever les

1. **Guèpier**, nid de guèpes; au figuré, piège, endroit dangereux.

sentinelles. Crédié! je vous jure que ce n'était pas tentant de mettre le nez à l'air; dehors, un froid de loup. Je bus une bonne goutte avant de partir, un grand demi-verre.

On me posta au coin d'un petit bois : « Ouvre l'œil, me dit le caporal; les Prussiens ne sont pas loin; ils pourraient bien tenter un coup cette nuit. »

Là-dessus, il partit, me laissant avec un camarade. Il soufflait une bise âpre et froide qui nous coupait la figure. Ne pouvant rester là, sous peine d'être gelé malgré ma peau de mouton et mon cache-nez, j'entrai dans le bois. A quelques pas, je découvris un épaulement de terre derrière lequel je pus m'abriter. Pour me réchauffer, je portai ma gourde à mes lèvres. Etait-ce l'alcool, la fatigue, le froid? Une invincible envie de dormir me saisit. J'avais beau résister, me raidir, me pincer : un engourdissement me prenait tous les membres. Je tombai dans un demi-sommeil presque lucide, les bruits du dehors restant perceptibles à mon oreille. Puis un coup sourd, comme une chute; j'ouvre les yeux; rien : la nuit partout, une nuit plus claire, quelques étoiles brillaient. Je crus à une illusion. C'était mon camarade, qui, ayant trop bu, était tombé frappé d'une congestion cérébrale; je sus la chose le lendemain.

Combien de temps restai-je ainsi assoupi? Je ne sais pas. Un bruit de branches cassées, de pas lourds me réveilla en sursaut. Je lève les yeux; devinez ma stupeur : à quelques pas, sur la lisière du bois, des casques pointus s'agitaient. Cré tonnerre!... Surpris! Je fus dégrisé du coup. Les Prussiens regardaient dans le bois; j'étais abrité par mon épaulement, ils ne m'avaient pas aperçu. A terre, je vis une masse noire, le cadavre de l'autre sentinelle; bien sûr, on l'avait tuée. Surpris! Les sauvages allaient se jeter sur la compagnie endormie et massacrer tous les camarades. Quelques-uns n'étaient pas à vingt pas. Mon sang ne fit qu'un tour. « Misérable! me dis-je, étant saoul, tu t'es endormi. Triple brute! lâche! tu as laissé égorger ton compagnon!... » Vous jugez bien que tout cela ne fut pas long à me traverser la cervelle, un éclair! Je me vis au conseil de guerre, dégradé, ma médaille arrachée!... Il ne me restait plus qu'une chose à faire. Je saisis

Subitement dégrisé, je saisis mon fusil, je tire... Je crie à pleine voix : « Aux armes! » Ma compagnie était sauvée.

mon fusil, je tire; un officier tombe, et je crie à pleine voix : « Aux armes! » Quatre baïonnettes me clouèrent sur la neige, mais la compagnie était sauvée.

Je fus quatre mois à me remettre. Depuis ce jour, jamais plus une goutte d'alcool ne m'a passé par le gosier.

Paul Charton.

Bulletin de l'Union française antialcoolique,
5, rue de Latran, Paris.

L'Hallucination

Lorsque l'alcoolisme prend un caractère aigu, l'homme perd le sommeil et la raison. Ses nuits sont hantées par d'affreux cauchemars ; le jour, il est le jouet de ses hallucinations.

Sur son lit de repos qui devient un lit de torture, il a des visions atroces ; il croit voir des rats, des crapauds, des serpents ou d'autres animaux étranges, qui courent sur ses draps, glissent sur sa peau, cherchent à le mordre, et le font frémir d'effroi à leur contact immonde et gluant.

Tantôt son cerveau, ses yeux malades lui montrent en plein jour des choses fantastiques, des flammes, des nuages obscurs, des gouffres sans fond. En passant dans la rue, un alcoolique essayait d'attraper des cordes chimériques qu'il croyait suspendues au-dessus de sa tête.

On raconte qu'un mécanicien de chemin de fer apercevait tout à coup, devant la machine qu'il conduisait, des obstacles qui étaient une illusion de sa vue. Du doigt, il montre à son chauffeur un château qui barre la voie ferrée ; brusquement il arrête le train. Pour échapper

L'alcoolisme procure des hallucinations étranges ou baroques, mais qui dénotent toujours chez ceux qui en sont atteints une altération des facultés cérébrales.

à un danger imaginaire, il risquait de provoquer une trop réelle catastrophe.

Plus étrange était l'illusion de ce cocher pour qui tous les objets étaient multipliés par dix; il avait devant lui dix arbres, dix candélabres, dix voitures de forme identique. Afin de les éviter, il dirigeait son cheval alternativement à droite et à gauche.

Bien extraordinaire aussi était ce cordonnier qui entendait un piano invisible, exécutant une valse au fond de son échoppe. A sa grande stupéfaction, souliers et brodequins, avec bottes et bottines, se mettent à danser une sarabande [1] effrénée. S'emportant, il saisit un bâton, frappe à tort et à travers, pour faire rentrer dans l'ordre les chaussures dévergondées.

Tout cela peut paraître plaisant, et prêterait à rire, si ce n'était profondément navrant. Sans doute nous avons parfois pendant notre sommeil des rêves aussi excentriques ; mais ils ne nous trompent pas. Ce qui afflige chez ces hallucinés, c'est qu'ils prennent leurs cauchemars pour des réalités. Par une aberration de l'œil et de l'oreille, ils aperçoivent effectivement les fantômes, les bruits qui les effraient, ou les exaspèrent. Et ces déments ont parfois entre leurs mains les vies des personnes qui les entourent. Des excitations au meurtre frappent leurs oreilles ; poussés par une force supérieure et irrésistible, ils commettent des crimes abominables, dont ils n'ont nul souvenir quand ils ont retrouvé un peu de calme d'esprit. A cet égard, les journaux sont pleins d'attristants récits, sur lesquels il serait préférable de jeter un voile.

A force de boire, ces misérables sont devenus des fous, des fous dangereux, des fous

1. . arabande, danse espagnole, rapide et agitée.

criminels. Nos asiles d'aliénés sont peuplés de malades dont la démence n'a pas d'autre origine que l'alcool.

La Fille de l'alcoolique

Grand émoi aux corons[1] de Nœux. A la suite d'un crime commis dans un accès d'ivresse alcoolique, un mineur avait été arrêté. Le parquet de Béthune s'était transporté sur les lieux pour les constatations légales; il était accompagné du vieux docteur Dubord. Avides de détails, hommes, femmes et enfants se pressaient autour du médecin, qui connaissait de longue date cette population minière, et qui traitait tous ces braves gens avec une familiarité vraiment touchante.

Excellent homme, autant qu'habile praticien, le docteur Dubord avait de la fortune; il exerçait la médecine moins par profession que par goût et par dévouement à l'humanité. Toujours il accompagnait son ordonnance d'un bon conseil; et il n'était pas rare qu'avant de sortir, il glissât une pièce blanche sur la cheminée de la famille besogneuse.

Achevant de commenter les incidents qui

1. **Coron**, groupe d'habitations ouvrières dans les régions minières.

venaient de bouleverser ces laborieux ouvriers : « Certes, disait-il, le genièvre et l'absinthe de vos estaminets sont des breuvages effrayants, puisqu'ils inspirent des crimes devant lesquels vous frémissez d'horreur. Là n'est pas pourtant le pire de leurs effets. Ce qui me navre, ce qui m'alarme pour l'avenir, c'est l'influence dissolvante de l'alcool sur la famille, sur la race. Le père est alcoolique : les enfants naissent scrofuleux [1], rachitiques, idiots. Ah! ils nous préparent une belle génération, tous vos ivrognes! Demain, nous aurons une société de fous et d'épileptiques. Le sang s'appauvrit, la famille s'étiole, la race dégénère, puis s'éteint. Quels rejetons pousseraient sur une souche pourrie! Un enfant d'alcoolique a bien des chances de payer de la vie le vice de son père.

— Mais c'est affreux, ce que vous affirmez là, docteur, dit une voix souffreteuse.

Et l'assistance, triste et ironique tout à la fois, regarda une femme d'âge indéfinissable, qui paraissait plutôt jeune.

Son visage ridé, son regard doux et vague étaient le signe d'une vieillesse prématurée ; bossue et difforme, elle était comme arrêtée dans sa croissance. C'était la Cagneuse, brave

1. **Scrofuleux,** atteint de scrofules, ou humeurs froides, maladie des tempéraments lymphatiques.

fille, un peu simple, qui devait ce sobriquet à son infirmité!

— Oui, reprit le docteur, c'est affreux et injuste, mais le fait est incontestable. Pas besoin n'est d'aller bien loin chercher la preuve de ce que j'avance. Voyez cette pauvre enfant, ajouta-t-il en caressant amicalement le menton de la Cagneuse; mes soins ont réussi à lui sauver la vie; ils n'en ont pas fait un brillant sujet. Vous avez connu ses parents; ils étaient vigoureusement constitués. Seulement son père était un ivrogne, et il a été tué par l'alcool; sa mère est morte de chagrin. Cet être débile et souffreteux est tout ce qui reste d'une famille qui aurait pu faire souche d'enfants robustes. Le poison a détruit la graine.

Voyez cette infortunée, n'est-elle pas la preuve que, d'un père alcoolique, ne peuvent naître que des enfants faibles et rachitiques?

La Cagneuse rougit et versa une larme.

— Moquez-vous de moi tant que vous voudrez, docteur, répliqua-t-elle; les méchants gamins m'ont habituée aux railleries. Je vous en prie, ne dites pas de mal de mon père et de ma mère, qui étaient honnêtes et courageux.

— Ces paroles partent d'un bon cœur, dit avec compassion le vieux docteur. Je suis désolé, chère enfant, de te faire de la peine ; mais il faut, vois-tu, que les fautes des morts servent de leçon aux vivants.

Aux Compagnies de discipline

Lors d'un voyage en Algérie, je séjournai quelques jours aux environs de Laghouat, chez mon ami le lieutenant Deraine. J'eus occasion de voir de près ces mauvais soldats que le recrutement envoie dans les bataillons d'Afrique, les conseils de guerre dans les compagnies de discipline, et que l'administration militaire emploie à des travaux de colonisation.

On y trouve des têtes chaudes qui, pas plus au régiment qu'à l'école ou à l'atelier, n'ont jamais courbé sous la discipline. Beaucoup d'entre eux n'ont pas connu leurs parents ; ils sont devenus de mauvais sujets pour n'avoir pas subi l'influence bienfaisante de la famille. La plupart de ces hommes ont les traits durs ;

sur leur visage se lisent le vice, la bestialité.

Pourtant la tenue réservée, le regard triste de l'un de ces malheureux contrastait singulièrement avec l'effronterie de la plupart de ses compagnons. Je m'approchai de lui, attiré par une secrète sympathie mêlée de compassion. Je gagnai sa confiance, et il me raconta son histoire.

— Mon histoire, dit-il, est bien simple ; elle est bien triste aussi. Mon père exerçait une petite industrie assez florissante. Il rêvait de

Je serrai la main de ce malheureux, qui montrait un sincère repentir de ses funestes excès.

me faire admettre dans une école d'arts et métiers ; car il voulait que j'apporte à son entreprise l'instruction qui lui manquait. Il mourut trop tôt, à la suite d'un accident. Ma mère fut obligée de liquider. Le chagrin la mina ; elle disparut à son tour.

A l'âge de seize ans, je me trouvai à la tête d'un modeste pécule ; mais j'étais livré à moi-même. Etant à la ville pour mes études, je ne voulus pas retourner au village, où ne m'appelaient ni intérêts, ni affections. Là je me liai avec des désœuvrés ; au lieu de travailler, je fréquentai les cafés ; je jouai. Bientôt sans ressources, j'entrai dans les cabarets de bas étage. Parfois je rougissais de moi-même ; mais avais-je la force de rompre avec mes amis de plaisir ? Puis, il faut bien l'avouer, la boisson me procurait d'agréables moments de gaieté et d'oubli.

La conscription vint. Je fus versé dans un régiment d'infanterie. Soldat négligent et malpropre, plutôt qu'insoumis, j'encourus les reproches répétés de mon sergent. Je le pris en aversion. Un soir, — il y aura bientôt un an de cela, — après une journée passée au cabaret, je lui refusai l'obéissance. Il insista ; je résistai. Poussé par le vin et la colère, je le frappai, et... me voici.

Il s'arrêta ému, puis reprit lentement :

— J'ai eu le loisir de faire un retour sur le passé. La privation d'alcool ne me fait pas souffrir ; car je buvais autrefois moins par besoin que pour céder à l'entraînement et pour m'étourdir. J'ai peut-être moins soif sous le soleil brûlant d'Afrique que dans l'étuve [1] desséchante des cabarets... Ce qui m'afflige, ce qui m'écœure, c'est le coudoiement auquel

1. **Etuve**, local chauffé à la vapeur.

je suis condamné ici. Mes amis de jeunesse étaient légers ; ils n'avaient pas des instincts de malfaiteurs... Cependant la pensée de ma libération prochaine me torture. Comment trouver du travail ? Il faudra avouer mon séjour dans les compagnies de discipline ; et alors qui aura confiance en moi ?

— Si vous restez dans ces dispositions, lui dis-je, vous vous relèverez, et vous rencontrerez des gens de cœur en France qui vous y aideront.

Je quittai ce disciplinaire en lui serrant la main.

Deux caractères

Voltaire raconte que Charles XII, roi de Suède, résolut de s'abstenir de vin toute sa vie. « Les uns disent, ajoute le grand écrivain, qu'il n'avait pris ce parti que pour dompter en tout la nature, et pour ajouter une nouvelle vertu à son héroïsme. » Le plus grand nombre prétendent qu'il voulut par là se punir d'un affront qu'à la suite d'un excès de table, il avait fait à la reine sa grand'-mère.

Charles XII revenait de la chasse; il avait

bu trop copieusement à son déjeuner. Le soir, tout crotté et couvert du sang des animaux qu'il avait tués, il se présenta au dîner de la reine. Celle-ci lui adressa des remontrances pour ce manquement à l'étiquette de la cour, et elle lui reprocha amèrement de s'adonner au vin. Le roi s'emporta, se leva de table pour quitter la salle du festin. Dans sa précipitation, soit par mégarde, soit intentionnellement, de son éperon il accrocha la table, et renversa tous les plats sur le parquet.

Le lendemain, il remarqua à l'attitude de la reine qu'il l'avait offensée. Il demanda la raison du froid accueil qu'elle lui faisait, car il avait oublié la scène de la veille. Quand il sut que, pris de boisson, il avait manqué au respect qu'il devait à sa grand'mère, il courut au buffet, se versa un verre de vin et but à la santé de la reine : « Puisque le vin m'a fait oublier à ce point les égards que je dois à la reine, c'est la dernière fois que j'en bois de ma vie. » Appréciant cette détermination, Voltaire dit : « Cette condamnation de soi-même, cette privation qu'il s'imposa toute sa vie sont une espèce d'héroïsme qui mérite l'admiration ».

Non moins admirable est le héros légendaire de Waterloo, Cambronne, qui prit, dans des circonstances différentes, la même courageuse résolution. Il était caporal à Nantes en 1795. Étant en état d'ivresse, il refusa d'obéir à un de ses officiers; il fut condamné à être passé par les armes. Touché de sa jeunesse, son colonel lui fit grâce, à la condition de ne plus boire de vin de sa vie. Le caporal donna sa parole d'honneur.

Dix ans plus tard, Cambronne était général. Un jour, il se trouva à côté de son colonel

1. **Serment du caporal Cambronne (1795).** Je jure, mon colonel, que, désormais, je ne boirai plus de vin!

2. **Dix ans plus tard.** — Camarade! Auriez-vous donc oublié la promesse du caporal Cambronne?

de 1795, général aussi comme lui. Celui-ci lui offrit un verre de vin. Cambronne le regarda fixement, et lui dit avec une noble fermeté : « Avez-vous donc oublié, camarade, la promesse que je fis au colonel de 1795 dans la prison de Nantes? Depuis lors, je n'ai bu ni vin ni liqueur. » N'y a-t-il pas de quoi être touché jusqu'aux larmes?

Les hommes tels que Charles XII et Cambronne, qui exerçaient un tel empire sur eux-mêmes, étaient bien dignes d'inspirer confiance à leurs soldats et bien capables de les conduire à la victoire. D'ailleurs, ces actes si simplement courageux de leur vie privée, qui révèlent tant de force de caractère, ne valent-ils pas les plus brillants faits d'armes?

Les Eaux potables

L'air, la terre sont peuplés de germes d'une extrême petitesse, êtres vivants invisibles à l'œil nu, qu'on appelle des *microbes*. Ces germes se répandent partout, avec les poussières

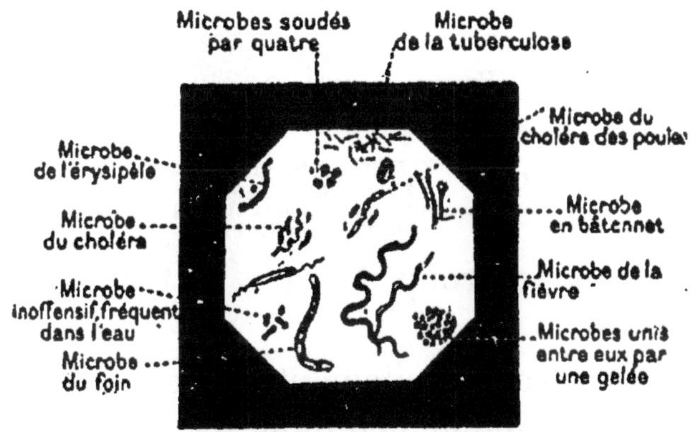

Ce qu'on voit au microscope dans une goutte d'eau impure. — Les microbes se nourrissent aux dépens de nos tissus, produisent des substances qui les empoisonnent, et sont la cause de la plupart des maladies contagieuses ou épidémiques.

de l'atmosphère, avec les eaux qui les entraînent. Ils se posent sur les meubles, les vêtements, les aliments ; ils pénètrent dans notre corps par l'air respiré, par la nourriture prise. Le microscope les découvre ; mais ils se révèlent par les altérations qu'ils déterminent dans les substances organiques, par les maladies qu'ils engendrent.

Les uns, comme les *ferments*, changent les jus sucrés en alcools ; ceux-ci font aigrir la pâte, le vin ; il y en a qui corrompent le bouillon, qui provoquent la putréfaction des viandes. D'autres, les *germes morbides* [1], sont la cause des maladies des hommes ou des animaux. Suivant leur nature, ils se développent dans le tube digestif, dans les poumons, dans le sang; ils occasionnent la dysenterie, la fièvre typhoïde, le choléra, la tuberculose, le croup, la rage et tant d'autres affections.

Différents microbes de l'eau considérablement grossis. — Pour détruire les microbes contenus dans l'eau, il faut la faire bouillir ou la filtrer.

On comprend facilement que ces microbes existent en abondance dans les fumiers, les fosses d'aisances, les matières en putréfaction. Si les égouts d'une localité aboutissent à une rivière, ils y déversent des germes de dangereuses maladies. Si, par suite d'une fissure, d'une disposition malheureuse, les eaux d'une

1. **Morbide**, qui produit la maladie.

étable ou d'une fosse s'infiltrent dans un puits, elles le corrompent. L'eau ainsi contaminée peut conserver sa limpidité, n'exhaler aucune odeur, ne présenter aucune apparence suspecte. On la boit avec confiance et on est atteint par l'épidémie.

C'est par les eaux impures que se propagent le plus souvent ces trois épidémies : dysenterie, fièvre typhoïde, choléra, qui sont des affections du tube digestif.

Il convient donc de se préoccuper de l'origine et de la composition de l'eau qu'on boit. L'eau de source est la seule potable. C'est de l'eau de pluie qui a pénétré dans le sol, a traversé goutte à goutte d'épaisses couches de terre. Cheminant dans les profondeurs de la terre jusqu'à ce qu'elle ait rencontré une couche imperméable, elle s'est débarrassée des germes qu'elle avait pu prendre à la surface. Si rien ne la contamine au moment où, après son long trajet, elle affleure au sol, l'eau de source est bien pure ; elle constitue la meilleure des boissons.

Mais les eaux de rivière qui ont traversé des villages ou des villes, les eaux de puits, et surtout de puits peu profonds, les eaux mêmes de pluie recueillies dans les citernes n'offrent aucune sécurité. Elles doivent être considérées comme suspectes de souillures, et ne peuvent être consommées qu'après avoir été purifiées. Ce ne sont ni les alcools, ni les essences dont on les additionne parfois qui sont susceptibles de les améliorer : ces mélanges en masquent le goût ; ils ne détruisent pas les microbes. On purifie ces eaux par l'ébullition ou par le filtrage.

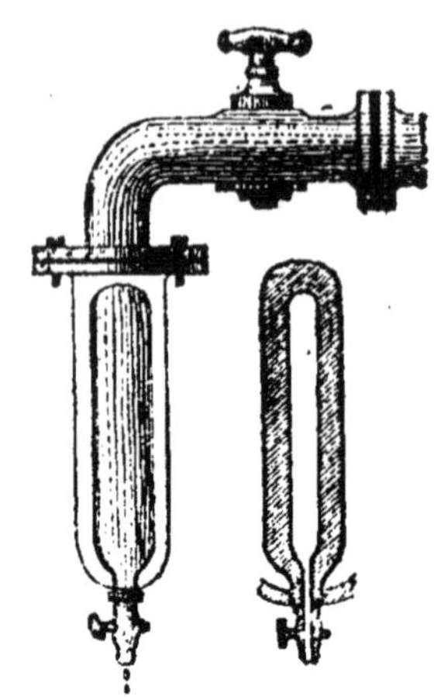

Filtre système Pasteur. — Dans ce filtre, l'eau se débarrasse de ses microbes en traversant une bougie de biscuit de porcelaine. Il suffit de faire passer cette bougie au four, lorsqu'elle a servi un certain temps, pour brûler les germes qui se sont déposés à sa surface.

Les germes morbides sont tués dans les eaux que l'on porte à 100 degrés de température. Ils sont arrêtés par les filtres à grain très serré, à la condition que la matière filtrante soit de remplacement ou d'entretien très facile. Là où on n'a pas de filtres sûrs, l'hygiène recommande de porter à l'ébullition toute eau suspecte, et de ne boire que de l'eau bouillie en temps d'épidémie typhoïde ou cholérique.

Simplicité des mœurs

L'ordre, l'économie, le travail, un petit commerce et surtout la frugalité, nous entretenaient dans l'aisance. Le petit jardin produisait presque assez de légumes pour les besoins de la maison, qui ne se composait pas moins d'une quinzaine d'enfants, sous le patriarcat [1] du tailleur d'habits. L'enclos nous donnait des fruits, et nos coings, nos pommes et nos poires, confits au miel de nos abeilles, étaient durant l'hiver, pour les enfants et les bonnes vieilles, les déjeuners les plus exquis. Le troupeau de la bergerie de Saint-Thomas habillait de sa laine tantôt les femmes et tantôt les enfants. Mes tantes la filaient; elles filaient aussi le chanvre du champ, qui nous donnait le linge; et les soirées où, à la lueur d'une lampe qu'alimentait l'huile de nos noyers, la jeunesse du village venait teiller [2] avec nous ce beau chanvre, formaient un tableau ravissant. La récolte des grains de la petite métairie assurait notre subsistance. La cire et le miel de nos abeilles, que l'une de mes tantes cultivait avec soin, était un revenu qui coûtait

Quand, dans une famille, tout le monde travaille, l'aisance est assurée.

1. **Patriarcat,** direction ou gouvernement d'un patriarche.
2. **Teiller,** détacher du chanvre l'écorce et les brindilles.

peu de frais; nos galettes de sarrazin, humectées, toutes brûlantes, de ce bon beurre du Mont-Dor, étaient pour nous le plus friand régal, et je ne sais pas quel mets nous eût paru meilleur que nos raves et nos châtaignes.

Ainsi, dans un ménage où rien n'était perdu, de petits objets réunis entretenaient une sorte d'aisance et laissaient peu de dépense à faire pour suffire à tous nos besoins. Le bois mort, dans les forêts voisines, était en abondance et presque en non valeur; il était permis à mon père d'en tirer sa provision. L'excellent beurre de la montagne et les fromages les plus délicats étaient communs et coûtaient peu; le vin n'était pas cher, et mon père lui-même en usait sobrement.

MARMONTEL.

Le Café et le Thé

Les avantages de l'infusion de *café* sont multiples et dus non seulement à la caféine, mais encore à la présence d'autres substances stimulantes. « Ce n'est pas sans raison, dit Cabanis, que quelques écrivains ont appelé le café une boisson intellectuelle. Il rend les sensations plus vives, les idées plus nettes. Le café n'a pas les inconvénients des narcotiques, des esprits ardents, ni même du vin; il est, au contraire, le moyen le plus efficace de combattre leurs effets pernicieux. »

Jules Rochard insiste sur ses avantages hygiéniques : « Aux colonies, c'est la première boisson qu'on prenne en s'éveillant ; elle aide à supporter les fatigues de la journée. Aucune boisson ne convient comme le café noir pour calmer la soif et modérer les sueurs dans les régions intertropicales. »

Rameau de caféier. Les graines, qui sont seules employées, sont renfermées au nombre de deux dans de petites baies rouges qui ressemblent un peu à des cerises.

Son action sur les fonctions musculaires n'est pas moins favorable. De récentes expériences entreprises en Bavière sur les troupes en manœuvre, ont prouvé les bons effets du café contre le surmenage.

Le café ne peut-il pas intoxiquer? Voici ce que répond l'expérimentation sur l'homme : une dose énorme de seize tasses de café noir (250 grammes dans un litre d'eau) a amené, à la région de l'estomac, une angoisse analogue à celle qui suit une émotion vive, de l'insomnie, de l'irrégularité avec précipitation du pouls; mais ces phénomènes avaient disparu le lendemain.

Le *thé* est la boisson nationale en Extrême-Orient; les peuples du Nord de l'Europe en font une grande consommation depuis l'époque de son introduction par les Hollandais ; il n'a pris faveur en France qu'à partir de 1830.

Rameau de thé. Le thé est un arbuste qui ne croît spontanément qu'en Chine et au Japon, mais que l'on cultive en dehors de ces deux pays, dans l'Inde, au Brésil et à l'Ile de France. Le plus estimé est le thé de la Chine. Les Chinois, les Russes, les Anglais en font une énorme consommation. C'est au XVIIe siècle que l'usage du thé a été introduit en Europe.

Le principe actif du thé a une action analogue à la caféine. Il produit une excitation générale de toutes les fonctions; il est tonique, et, dans une certaine mesure, nutritif. Pour Germain Sée, le thé est la meilleure boisson digestive. Il doit être léger et bu à une température élevée.

Le thé peut intoxiquer, c'est certain; mais son action n'est à craindre que s'il est absorbé à des doses très élevées. Payen a calculé qu'il faudrait chez l'homme un kilogramme de thé en substance, équivalant à 70 litres d'infusion, pour amener de sérieux accidents toxiques. Si donc l'infusion de thé cause parfois des troubles, c'est surtout par la quantité d'eau chaude qu'il force à absorber. Un continuel lavage interne peut, chez les rares individus passionnés pour cette boisson, débiliter l'estomac, affaiblir l'action des sucs digestifs qu'il dilue [1] à l'excès.

Dans les régions tropicales, on a recours à l'infusion de thé pour remplacer l'eau crue généralement détestable. Les Chinois et les Annamites n'ont pas d'autre boisson, et nos troupes en ont adopté l'usage en Tunisie et au Tonkin. Le général anglais Wolseley enfin, dans une guerre contre les Achantis, substitua complètement l'emploi du thé à celui des boissons alcooliques, et cette mesure fut prise pour le plus grand profit de ses troupes.

D'après Sérieux et Mathieu. *L'Alcool*, F. Alcan, éditeur.

La Bétique [2]

Le fleuve Bétis coule dans un pays fertile, et sous un ciel doux, qui est toujours serein. Le pays a pris le nom du fleuve, qui se jette dans le grand Océan. Les hivers y sont tièdes, et les ri-

1. **Diluer**, étendre d'eau.
1. **Bétique**, pays imaginaire décrit dans le Télémaque.

goureux aquilons[1] n'y soufflent jamais. L'ardeur de l'été y est toujours tempérée par les zéphyrs[2] rafraîchissants qui viennent adoucir l'air vers le milieu du jour. Les chemins y sont bordés de lauriers, de jasmins et d'autres arbres toujours verts et toujours fleuris.

Les montagnes sont couvertes de troupeaux qui fournissent des laines fines recherchées de toutes les nations connues. Les femmes filent

Une vie simple et frugale conservait aux habitants de la Bétique la paix, l'union et la liberté.

cette belle laine, et en font des étoffes fines d'une merveilleuse blancheur; elles font le pain, apprêtent à manger, et ce travail leur est facile, car on vit en ce pays de fruits et de lait, et rarement de viande. Elles tiennent les maisons dans un ordre et une propreté admirables et font tous les habits de la famille.

Les hommes n'ont d'autres arts à exercer, outre la culture des terres et la conduite des

1. **Aquilon**, vent violent du nord.
2. **Zéphyr**, vent d'ouest doux et agréable.

troupeaux, que l'art de mettre le bois et le fer en œuvre. Quand on leur parle des peuples qui ont l'art de faire des bâtiments superbes, des meubles d'or et d'argent, des étoffes ornées de broderies et de pierres précieuses, des parfums exquis, des mets délicieux, des instruments dont l'harmonie charme, ils répondent en ces termes : « Ces peuples sont bien malheureux d'avoir employé tant de travail et d'industrie à se corrompre eux-mêmes ! Ce superflu amollit enivre, tourmente ceux qui le possèdent. Les hommes de ces pays sont-ils plus sains, plus robustes que nous ? vivent-ils plus longtemps ? sont-ils plus unis entre eux ? mènent-ils une vie plus tranquille ? plus gaie ? Au contraire, ils doivent être jaloux les uns des autres, rongés par une lâche et noire envie, toujours agités par l'ambition, par la crainte, par l'avarice, incapables des plaisirs purs et simples, puisqu'ils sont esclaves de tant de fausses nécessités dont ils font dépendre tout leur bonheur. »

C'est ainsi que parlent ces hommes sages, qui n'ont appris la sagesse qu'en étudiant la simple nature. Il ne faut point de juge parmi eux, car leur propre conscience les juge. Tous les biens sont communs : les fruits des arbres, les légumes de la terre, le lait des troupeaux sont des richesses si abondantes, que des peuples si sobres et si modérés n'ont pas besoin de les partager. Ainsi, ils n'ont point d'intérêts à soutenir les uns contre les autres, et ils s'aiment tous d'une amour fraternelle que rien ne trouble. C'est le retranchement des vaines richesses et des plaisirs trompeurs qui leur conserve cette paix, cette union et cette liberté. Ils sont tous libres, tous égaux.

FÉNELON.

Un Homme heureux

Mes souvenirs d'enfance me rappellent un modeste employé qui partageait son temps entre son magasin et sa petite maison : je ne sache pas l'avoir jamais vu inoccupé. Dans son intérieur, et pour son plaisir, cet homme extraordinaire, qui n'avait fait aucun apprentissage, exerçait tous les métiers : il jardinait, il rabotait, il limait. Il n'était point horticulteur, et il possédait les plus belles fleurs, il récoltait les fruits les plus savoureux, les légumes les plus précoces. Il n'était pas menuisier, et il poussait le rabot, la varlope comme un maître compagnon; en un tour de main, il tirait d'un bout de planche une console, une étagère. Il n'était pas embarrassé pour réparer une serrure, monter un jouet articulé, faire fonctionner un ressort. Cette espèce de magicien avait un tempérament d'inventeur; il entreprit même un jour de démonter et remonter sa montre qui s'était arrêtée : il la fit marcher. Sa maison était remplie et tout ornée de menus objets, de bibelots variés de sa fabrication.

Rien n'égalait son ingéniosité, si ce n'est sa bonne humeur. Recherché pour les services qu'il rendait, pour l'enjouement de sa conversation, il n'était jamais seul. Je l'entends encore sous la tonnelle qu'il avait construite au fond de son jardinet. Tout en remplaçant à la roue de sa brouette une jante en mauvais état, il disait aux voisins venus pour le regarder et l'écouter : — Oh! je ne sais pas ce que c'est que l'ennui; je ne sais pas davantage ce que c'est que la fatigue. Le râteau me repose du rabot ou de la lime; un livre me distrait, et toutes ces occupations attrayantes me dédommagent de la monotonie de mes séances de magasin. Je jardine, rabote, lime; je combine, lis et chante, comme je mange, je bois, je marche et je dors. La respiration est un besoin de mon corps; mes goûts sont des besoins de mon esprit. Je leur dois de me plaire dans ma maison, et je n'éprouve nul besoin d'aller dans les lieux publics. Que va-t-on faire dans les cabarets? Éteindre sa soif? Non, l'allumer plutôt. J'ai rarement soif, et si j'éprouve le besoin de boire, j'approche mes lèvres de la source où le passereau trempe son bec.

Et il montrait le filet d'eau qui coulait d'une rocaille qu'il avait maçonnée lui-même à l'ombre d'un pommier.

— On se rend au cabaret, reprit-il, pour y trouver une compagnie, pour causer et plaisanter ; car il est sain de rire. Mais ma femme est ici pour bavarder, mes enfants aussi pour babiller... Et puis, pourquoi irais-je chercher ailleurs des amis douteux, qui seraient en tout cas moins sûrs et moins charmants que ceux qui se pressent sans cesse autour de moi ?

L'homme qui sait employer utilement ses loisirs échappe à la fatigue, à l'ennui et au vice.

Il jeta un fin regard sur l'assistance, sourit et fredonna une vieille chanson populaire.

Pendant ce temps, sa roue était terminée ; il l'avait replacée sur son axe. Il lui imprima une vigoureuse impulsion, la fit tourner à vide, et s'assura qu'elle ne déviait point.

Cet homme était heureux. Sans doute, il a connu le chagrin; il a été frappé dans ses affections; mais il n'a pas eu des heures vides et interminables. Il a trouvé parfois dans la curiosité d'un esprit en éveil, dans l'habileté de ses mains agissantes, un dérivatif et un soulagement à ses peines. « Dans les hautes montagnes, dit Legouvé, il y a des maisons de refuge situées de distance en distance pour abriter les voyageurs pendant les tempêtes de neige : peupler son cœur de goûts purs et élevés, c'est se bâtir à soi-même des maisons de refuge. »

La Ménagère

Quand paraît la ménagère,
La lumière
Semble entrer dans la maison;
Le feu pétille et s'agite,
Et plus vite
L'oiseau siffle sa chanson.

Dans le logis, son royaume,
Tout embaume;
On sent une bonne odeur
D'abondance et de bien-être
Qui pénètre
Et qui réjouit le cœur.

La ménagère est aimante
Et charmante;
Elle a la grave beauté
Des mauves, des scabieuses
Si rêveuses,
Et des pâles roses-thé.

La ménagère aimable et diligente est l'âme et la joie de la maison.

Elle travaille à sa tâche
Sans relâche,
Assise au seuil du jardin.
Au linge de la famille,
Son aiguille
Redonne un lustre soudain.

Et sur sa tête attentive
Et pensive,
Les lilas, qui font fléchir
Leurs bras chargés de fleurettes
Violettes,
Semblent vouloir la bénir.

André Theuriet.

TABLE DES GRAVURES

TABLE DES MATIÈRES

PARIS. — IMPRIMERIE ALCIDE PICARD ET KAAN
192, RUE DE TOLBIAC. — 41002. B/P

Paris. — Imp. Alcide PICARD & KAAN

192, Rue de Tolbiac, 192

www.ingramcontent.com/pod-product-compliance
Ingram Content Group UK Ltd.
Pitfield, Milton Keynes, MK11 3LW, UK
UKHW022112190726
13855UKWH00002B/805

9 782013 355421